上海市区办高校
教育质量年度报告
（2022年）

张东平 主编

上海交通大学出版社
SHANGHAI JIAO TONG UNIVERSITY PRESS

内容提要

本书包括 2022 年上海市区办高校教育质量年度报告，2022 年长宁、行健、宝山、杨浦、南湖、徐汇、黄浦、普陀、静安等九所区办高校教育质量年度报告。本书适合高等职业教育、成人教育、老年教育等领域的管理人员、教学人员以教育研究人员阅读使用。

图书在版编目(CIP)数据

上海市区办高校教育质量年度报告.2022 年/ 张东平主编. —上海：上海交通大学出版社,2022.10
　　ISBN 978 - 7 - 313 - 20937 - 5

　　Ⅰ．①上…　Ⅱ．①张…　Ⅲ．①成人高等教育−教育质量−研究报告−上海− 2022　Ⅳ．①G729.21

中国版本图书馆 CIP 数据核字(2022)第 193127 号

上海市区办高校教育质量年度报告(2022 年)

SHANGHAISHI QUBAN GAOXIAO JIAOYU ZHILIANG NIANDU BAOGAO (2022NIAN)

主　　编：张东平	
出版发行：上海交通大学出版社	地　　址：上海市番禺路 951 号
邮政编码：200030	电　　话：021 - 64071208
印　　制：上海天地海设计印刷有限公司	经　　销：全国新华书店
开　　本：787mm×1092mm　1/ 16	印　　张：7.25
字　　数：99 千字	
版　　次：2022 年 10 月第 1 版	印　　次：2022 年 10 月第 1 次印刷
书　　号：ISBN 978 - 7 - 313 - 20937 - 5	
定　　价：75.00 元	

FOREWORD 前言

2021 年 5 月，中央教育工作领导小组印发《关于深入学习宣传贯彻党的教育方针的通知》（以下简称《通知》）。

《通知》指出，经第十三届全国人大常委会第二十八次会议审议，《中华人民共和国教育法》第五条修改为"教育必须为社会主义现代化建设服务、为人民服务，必须与生产劳动和社会实践相结合，培养德智体美劳全面发展的社会主义建设者和接班人"，将党的教育方针落实为国家法律规范。

《通知》强调："扎根中国大地办教育，同生产劳动和社会实践相结合，加快推进教育现代化、建设教育强国、办好人民满意的教育，努力培养担当民族复兴大任的时代新人，培养德智体美劳全面发展的社会主义建设者和接班人。""要对标党的教育方针深入落实立德树人根本任务，抓住全面提高人才培养能力这个重点，将党的教育方针有效融入教育行政管理、办学治校和教育教学全过程，把牢政治方向、清理制度规范、校正误区偏差，使各级各类教育更加符合教育规律和人才成长规律。""不断优化高等教育和职业教育学科专业结构、人才类型结构，强化科技创新提质增效，加快构建服务全民终身学习的教育体系，扎实推进技能型社会建设，更好服务和支撑高质量发展需要。"

通过党的教育方针的学习，笔者对区办高校的办学治校、教育教学改革和发展，做了国家法律规范高度的某些思考，颇有感悟。现针对党的教育方针提出的教育"必须与生产劳动和社会实践相结合"（以下简称"双结合"）这一基本目标、基本要求、基本任务、基本途径，结合区办高校的办学实际，就得出的一些学习体会，与同行分享。这些心得对于质量年报的撰写或有某些启示，故以此作为质量年报的前言。

一、"双结合"是成人高等教育的根本属性

成人高等教育是整个教育突向社会、突向生产劳动的凸出部。成人高等教育的学习主体是成人，是负有一定社会责任和社会使命的成年人，具有职业性、社会性的特点。这就决定了成人高等教育具有"与生产劳动和社会实践相结合"的基本属性；这就决定了成人高等教育起于生产劳动、社会实践，又归于生产劳动、社会实践；这就决定了成人高等教育必须面向生产劳动，面向社会实践；这就决定了成人高等教育必定最先感知社会进步的风起云涌和科技发展的拍浪涛声；这就决定了"与生产劳动和社会实践相结合"是成人高等教育的生命之源、质量之基、发展之本。虽然党的教育方针提出教育"必须与生产劳动和社会实践相结合"是针对整个教育事业的，但对成人高等教育具有特殊的重大意义，值得成人高等教育界从国家法律规范层面高度关注，深入学习，认真研究，具体落实。

二、"双结合"是成人高等教育的鲜明特征

成人高等教育"必须与生产劳动和社会实践相结合"是其固有的特征，其鲜明性体现在"培养技术应用型人才"这一具体目标上。国家对高等教育提出了分类管理的目标，不同类型的高等学校具有不同的人才培养目标。和培养学术型、理论型、研究型人才培养目标不同，成人高等教育，包括独立设置的成人高校、开放大学的人才培养目标是培养"技术应用型""技能应用型"人才，这在国家和上海市的有关文件中都有明确、具体、深刻的表述。提到"技术"，人们往往想到，汽车驾驶、机床操作、产品加工、设备维修等等。诚然，这是"技术"在传统意义上的众所周知的含义，但实际上，随着时代进

步和社会发展，"技术"的含义已经发生根本性泛化。当今，"技术"是人类为了满足自身的需求和愿望，遵循自然规律，在长期利用和改造自然、建设物质文明和精神文明的过程中，积累起来的知识、经验、方法、技巧和手段及其总和。"技能"则是技术反复性、熟练性应用、操作、驾驭的能力。由此，基于成人高等教育的人才培养目标，其与生产劳动和社会实践的结合程度，和其他教育类型相比，具有更为广阔的接触界面和更为深入的融合层次。因此，"双结合"成为成人高等教育的鲜明特征是十分自然的。

三、"双结合"是成人高等教育的专业依据

专业是成人高等教育教学活动的基础。"双结合"必须在成人高等教育的专业开发、建设和评价中得到最准确、最深刻、最完整的体现、贯彻和实施。专业开发必须对生产劳动和社会实践进行广泛、深入、全面的调查研究，明确生产劳动和社会实践对技术应用型和技能应用型人才的需求。由此，决定专业开发对应的职业岗位或职业岗位群，明确其对应的人才培养的知识、素质、能力需求的层次、规格、标准；由此，决定专业的教学内容，建立理论教学体系和实践教学体系；由此，确定理论教学和实训教学的课程设置，提出和实际职业岗位职业要求一致的教学目标、教学方法、教学过程、教学组织、教学评价。专业建设一定要把实训基地的建设放在极其重要的地位。一种是和企业合作，在生产劳动第一线，建立实训基地；一种是在学校，建立和生产劳动第一线完全拟合的实训基地。可以说，实训基地的建设是成人高等教育贯彻"双结合"的特色所在、成败关键。在区办成人高校的办学实际中，广大教育工作者，对实训基地建设作了积极的富有成效的探索。其中，长宁业余大学的航空运输学院和静安业余大学专业实训基地全覆盖的办学成果，尤为突出。

四、"双结合"是成人高等教育的师资要素

成人高等教育要与生产劳动和社会实践结合，必须建立一支与生产劳

动和社会实践结合的师资队伍。然而在学校的讲台上,没有搞过实际市场调查的,在讲授市场调查;没有企业管理经验的,在教授营销策划;在黑板上开汽车,在课桌上修机器……比比皆是。成人高等教育的教师应该走出高楼深院,走入生产劳动、社会实践第一线。学校应该结合教师专业化队伍建设的统一规划,建立教师特别是青年教师深入生产劳动、社会实践第一线的制度,挂岗进修,以取得实际本领,取得培养技术应用型、技能应用型人才的教学指导权。有条件的教师特别是青年教师要结合专业要求和任教学科的特点,努力取得职业资格证,成为"双师型"的教师。成人高等学校还应有计划地聘请具有实际经验的工作者、能工巧匠担任兼职教师。让这些教师为教育教学带来一股来自生产劳动、社会实践的新风。要完善兼职教师的聘任制度,对兼职教师在聘前要进行必要的教育法律法规、教师职业道德规范、教育学、心理学的知识培训和考核,以提高其基本的教师素养,为其承担教育教学职责打下必要的基础,设置必要的台阶。聘用的兼职教师要颁发兼职教师证书,以提高其责任心和荣誉感。对兼职教师要进行必要的师德和教育教学评价和考核,以保证教育教学质量。专职教师和兼职教师相辅相成、相得益彰,使成人高等教育的"双结合"真正落到实处,得到有力的人力资源保障。

五、"双结合"是成人高等教育的评价准绳

在成人高等教育的评价中,与生产劳动和社会实践相结合是基本标准之一。在成人高等教育的办学水平评价、专业建设评价、课程改革评价等各种不同层次的评价标准的设置中,其都应列入其中。要从"双结合"的视角考查其针对性、全面性、制度性、实施性和成效性。这里特别要提出课堂教学的评价,同样也要从"双结合"的要求提出评价指标。这在区办高校已经制度化、常规化开展的各类教学评比、展示中应该引起重视。在上述教育教学评价中,要采取数量化的调查研究,重视数量分析,得出量化的结论,以便

进行横向和纵向的比较，数量化的评价还要和定性的评价相结合，以得出更加完整、更加科学、更加准确的结论。

在此，我愿高兴地转引上海市人民政府文件如下：

上海市人民政府关于同意设置上海南湖职业技术学院的批复

市教委：

沪教委发(2020)88号文收悉根据《高等教育法》《普通高等学校设置暂行条例》《高等职业学校设置标准》等规定，经研究，市政府同意以上海市虹口区业余大学为基础，整合相关职业教育资源，设置上海南湖职业技术学院，并撤销上海市虹口区业余大学建制。上海南湖职业技术学院系全日制公办高等职业学校，隶属于虹口区政府，业务上接受市教委统一管理，全日制在校生规模暂定2 000人。

特此批复。

上海市人民政府

2020年9月8日

2021年上海南湖职业技术学院正式成立，作为区办高校，其校长参加上海市区办高校校长联席会，其继续教育参加上海市区办成人高等学校联合教育教学活动。这是区办高校的一大事件，特此记载，以备查考。

在这本质量年报中，第一次刊登了"2022年上海南湖职业技术学院继续教育部教育质量年度报告"，以飨读者。

上海市区办高校校长联席会负责人

上海市长宁区业余大学校长

张东平

2022年7月1日

CONTENTS 目录

2022 年上海市区办高校教育质量年度报告

2021 年是中国共产党百年华诞,是党的十九届六中全会召开的一年,是实施《中华人民共和国国民经济和社会发展第十四个五年规划和 2035 年远景目标纲要》开局之年,也是建设现代化国家新征程的开启之年。这一年,区办高校举行"庆祝中国共产党百年华诞——上海市区办高校 2021 年上半年教学工作会议暨课程思政教学研讨会"。这一年,区办高校各校制定学校发展"十四五"规划。这一年,区办高校强化专业内涵建设,取得积极成果。这一年,区办高校广泛开展教师教学比赛和展示,努力提升课堂教学质量。这一年,区办高校进一步规范有序有效开展教育教学常规工作,取得明显成效。2022 年上海市区办高校教育质量年报就是在这样的形势下撰写的。

一、区办高校教育发展背景

(一)隆重庆祝党百年华诞

2021 年 7 月 1 日是中国共产党成立 100 周年纪念日。

2021 年 7 月 1 日上午 8 时,中共中央隆重举行庆祝中国共产党成立 100 周年大会,习近平总书记发表重要讲话。这一讲话令区办高校广大教师和学生倍感振奋,大家表示将牢记总书记的嘱托,矢志奋斗,不负时代,向着全面建成社会主义现代化强国的第二个百年目标奋勇前进。

（二）十九届六中全会举行

党的十九届六中全会于 2021 年 11 月 8 日至 11 日在北京举行。

全会听取和讨论了习近平总书记受中央政治局委托作的工作报告,审议通过了《中共中央关于党的百年奋斗重大成就和历史经验的决议》,审议通过了《关于召开党的第二十次全国代表大会的决议》。习近平总书记就《中共中央关于党的百年奋斗重大成就和历史经验的决议（讨论稿）》向全会作了说明。

全会的召开给区办高校的教师和学生极大的鼓舞,一个学习习近平总书记讲话和《中共中央关于党的百年奋斗重大成就和历史经验的决议》的高潮迅速兴起。

（三）"十四五"规划纲要公布

《中华人民共和国国民经济和社会发展第十四个五年规划和 2035 年远景目标纲要》提出:"推进高等教育分类管理和高等学校综合改革,构建更加多元的高等教育体系,高等教育毛入学率提高到 60%。……建设高质量本科教育,推进部分普通本科高校向应用型转变。建立学科专业动态调整机制和特色发展引导机制,增强高校学科设置针对性……""建立高等学校、职业学校与行业企业联合培养'双师型'教师机制。""深化新时代教育评价改革,建立健全教育评价制度和机制,发展素质教育,更加注重学生爱国情怀、创新精神和健康人格培养。……发挥在线教育优势,完善终身学习体系,建设学习型社会。推进高水平大学开放教育资源,完善注册学习和弹性学习制度,畅通不同类型学习成果的互认和转换渠道。"

《上海市国民经济和社会发展第十四个五年规划和 2035 年远景目标纲要》提出:"切实办好人民满意的一流教育。""促进学生全面发展。把立德树人成效作为育人根本标准,创新德智体美劳'五育并举'过程性评价实施办法,完善基于大数据的学生综合素质评价。深化'课程思政'和'学科德育'改革,建设校内外育人共同体。""锻造一流教师队伍。把教书育人放在最突出位置,健全教师分类评价。加强新时代师德师风建设,强化教师思想政治素质考察,提升全体教师育德意识和育德能力。"

"深化高等教育内涵式发展。深化高校分类管理和评价改革,完善错位竞争、特色办学的发展格局,进一步落实和扩大地方高校办学自主权。聚焦社会发展和行业产业急需,优化学科专业结构,适度扩大高等教育事业规模,不断提升高等教育质量水平。""完善现代职业教育体系,建设一批新型(五年一贯制)高职院校。""推进学习型社会建设。引导高等学校和职业学校加强继续教育和社会培训服务,探索在岗人员'双元制'继续教育模式。大力发展社区教育、老年教育,完善学分银行制度,探索建设以学习者为中心的自适应学习平台,创新推进各类终身学习场所和学习资源整合开放,建设方式更灵活、资源更丰富、学习更便捷的终身学习体系。到 2035 年主要劳动年龄人口平均受教育年限达到 13 年。"

国家和上海市"十四五"规划为教育事业描绘了宏伟蓝图,为区办高校瞻望前景、把握机遇、积势储能、开拓进取提供了原则性遵循。区办高校以此为宏大背景谋划、制定学校的发展规划,推进学校教育教学工作全面发展。

（四）政府工作报告公布

2021 年全国政府工作报告提出 2021 年主要教育工作:"办好特殊教育、继续教育……分类建设一流大学和一流学科,加快优化学科专业结构……深化教育评价改革……在教育公平上迈出更大步伐,更好解决进城务工人员子女就学问题……努力让广大学生健康快乐成长,让每个孩子都有人生出彩的机会。"

2021 年上海市政府工作报告提出 2021 年主要教育工作:"建设高质量教育体系。坚持立德树人,系统推进教育评价改革,深化教育综合改革……

增强高等教育、职业教育服务创新发展能力,启动实施新一轮'双一流'高校、高水平地方高校、高峰高原学科等建设计划,推动五年一贯制新型高职建设,健全产教融合创新机制。加强特殊教育,完善终身学习体系,提升学习型城市建设水平。"

全国和上海市政府工作报告提出了 2021 年教育工作的主要任务,对区办高校教育教学工作的改革和发展具有指导意义,区办高校密切结合学校的办学实际和教育教学实际,在学校的教育教学工作中认真贯彻落实,在提升学校高质量水平上创新突破,赋能升级,力争取得新的成绩。

(五)数字化转型意见发布

上海市委、市政府 2020 年年底公布《关于全面推进上海城市数字化转型的意见》(以下简称《意见》),要求深刻认识上海进入新发展阶段全面推进城市数字化转型的重大意义,明确城市数字化转型的总体要求。《意见》指出,要坚持整体性转变,推动"经济、生活、治理"全面数字化转型;坚持全方位赋能,构建数据驱动的数字城市基本框架;坚持革命性重塑,引导全社会共建共治共享数字城市;同时,创新工作推进机制,科学有序全面推进城市数字化转型。

《意见》指出,强化全民"数字素养"教育,鼓励高校、社会机构等面向各类群体建立数字化技术终身学习平台和培训体系。

《意见》还指出,营造浓厚的社会氛围。坚持面向市民、基层、市场,更多运用群众喜闻乐见的方式、更多搭建群众便于参与的平台,最大限度调动各方面的主动性、积极性、创造性,以数字化转型践行"人民城市人民建,人民城市为人民"的重要理念。

《意见》在经济、生活、治理领域描绘了一个气势宏伟的,整体性、全方位、革命性的数字化场景,区办高校惊喜地感受到一个全新的数字化时代正在到来,它将在区办高校人才培养模式、专业建设、师资建设、教材建设、设施建设、基地建设、技术建设诸多方面掀起转变、赋能、重塑的高潮,区办高校将面临重大的历史责任和社会担当。《意见》还具体地提出承担、强化全民"数字素养"教育、更多搭建群众便于参与的平台的任务,区办高校负有责无旁贷的责任,区办高校应主动对接,抓紧落实,提供服务。

（六）七部委发继续教育文件

2021年7月26日,上海市教育委员会、上海市人力资源和社会保障局、上海市财政局、上海市国有资产监督管理委员会、上海市经济和信息化委员会、上海市商务委员会、上海市总工会七部门联合发出《推进新时代职工继续教育创新发展的意见》(以下简称《意见》)重要文件。

《意见》提出的总体目标是：到2025年,基本形成以职工能力和学历"双提升"为导向,以学校教育和工作场所学习有机结合的"双空间"为载体,以现代信息技术与教育深度融合的线上线下"双途径"为支撑,以高校教师和行业企业导师组成的"双师资"为特色,以技能评价证书和学历文凭"双证书"为学习成果的上海特色"双元制"职工继续教育模式。

《意见》涉及"区办业余大学"的条文有："加强区级继续教育机构与各区行业企业深度合作,贴近区域发展特色,与企业共建职工继续教育基地。""建立以开放教育为依托,高校继续教育、高等职业教育、成人高等教育和职业技能培训等共同参与的职工继续教育多元供给方式。""高等职业院校、区办高校和行业院校依托区域优势,与行业企业共建专业,为职工提供特色的专科教育。""依托高校、开放大学和区办高校等办学机构的力量,建立适合职工学习特点的专职教师队伍。""各区办高校和高等职业院校要贴近区域园区和企业需求,全面承担区域职工继续教育。""要加强对开放大学、高等院校继续教育机构、承担技师学院功能的院校企业、区办高校、各行业协会、大型企业培训中心及其他企事业单位教育培训机构、各类产业园区的监管和指导。"

《意见》涉及"区办业余大学"的有六处,其中四处采用"区办高校"的名称。

这是"十四五"期间,上海市教育行政及相关部门联合发出的第一个关于职工继续教育的重要文件,对于全市职工继续教育的创新发展具有重要的引领价值、指导意义和推进作用,为区办业余大学提振信心、鼓舞士气、增强定力、开拓进取指明了方向。

二、推进区办高校教育改革和发展的主要举措

(一)庆祝党百年华诞

各校热烈庆祝中国共产党百年华诞,以此作为推进学校教育教学改革和发展的根本动力。

长宁区业余大学,2021年7月1日上午8点,党委组织全体教职工和学生收看"庆祝中国共产党成立100周年大会"。学校还举行了"百年华诞启新航,矢志建功新时代"师生诗歌朗诵会。党委书记、校长张东平以《踏上新征程》为题,给全体师生上了一堂生动的党课。全体党员在张书记的领誓下,面向鲜红的党旗,重温入党誓词。

上海行健职业学院,2021年7月2日下午,隆重举行"百年风华,铸行健时代新篇——庆祝中国共产党成立100周年主题集会"。全体教职工回顾了学院前期党史学习教育阶段工作。活动现场,党委书记沈燕华、院长黄群等以中国共产党建党精神为核心要义,分别围绕实干、奋斗、进取、创新四个行健精神讲解主题微党课。八个党支部用诗朗诵、情景剧、演讲等形式生动诠释了"行健精神"。会议授予一批党员教师为学院"党员先锋岗、党员示范岗和党员标兵岗"称号。活动最后,八名大学生预备党员和全体党员教师面向党旗严肃站立,在党委书记沈燕华的带领下,庄严举起右手,重温入党誓词。

宝山区业余大学,2021年5月,开启了"恰是风华,奋斗当时——庆祝中国共产党成立100周年"系列主题活动。全体中共党员、入党积极分子、民

主党派人士,先后赴国歌纪念馆和中共一大纪念馆参观。7 月 1 日上午 8 点,全体教职工集中观看"庆祝中国共产党成立 100 周年大会";之后,进行全家福摄影活动;中午,开展"温情满满生日面"活动;之后,教职工们开始手制团扇;当天晚上,全体教职工在上海交响乐团音乐厅主厅欣赏了一场"听红色经典,迎接建党百年"的主题音乐会。

杨浦区业余大学,2021 年 6 月 29 日,举行庆祝中国共产党建党 100 周年主题活动。王芳书记致辞,为党的百岁生日献上祝福。活动分六个乐章。第一乐章,"七一"献礼剧《逆境奋发,铸就辉煌》,展现业大人与时俱进、不断奋进的精神。第二乐章,学生王臻做《党是指路明灯,照亮前进方向》演讲。第三乐章,用视频展现了各个街道的百户家庭,唱响红色旋律。第四乐章,党员用革命歌曲,歌颂党的伟大。第五乐章,每一位党员的微党课片段以及对党的百年华诞的祝福用视频合集形式展现。第六乐章,全体党员高唱《没有共产党就没有新中国》。

上海南湖职业技术院,2021 年 7 月 8 日召开党员大会,选举产生了中共上海南湖职业技术学院委员会。学院党委把学习习近平总书记在庆祝中国共产党成立 100 周年大会上的重要讲话,作为庆祝党百年华诞的主题活动。在此基础上,进一步深入学习贯彻习近平新时代中国特色社会主义思想和党的十九大、十九届历次全会精神。并且,深入推进党史学习教育,围绕"学党史、悟思想、办实事、开新局"主题,开展"我为群众办实事"实践活动,激励党员们以史为鉴,开创未来,埋头苦干,勇于前行,为实现新时代职业教育高质量发展而不懈奋斗。

徐汇区业余大学,为庆祝中国共产党成立 100 周年,党总支在 2021 年 7 月 1 日组织开展"七一"系列庆祝活动。上午 7:30,在学校党政领导带领下,全校师生整齐列队,共同高唱中华人民共和国国歌,注目鲜艳的五星红旗在雄壮的国歌声中冉冉升起。上午 8:00,全体教职工集中观看"庆祝中国共产党成立 100 周年大会"。下午 1:30,党总支书记杜俭面向鲜红的党旗,举起右手,带领蒋颖、徐莉两位新党员,以及全体党员宣读入党誓词。庆祝活动后,学校组织师生深入学习贯彻习近平总书记在庆祝中国共产党成立100周年大会上的重要讲话精神,进一步聚焦学党史、悟思想、办实事,继续深化"三全育人"综合改革。

黄浦区业余大学,为庆祝中国共产党建党100周年,学校开展了系列主题活动:党总支组织党员、教职员工分校区观看"庆祝中国共产党成立100周年大会"。总支书记范毅清以"重温党的奋斗历史,百年初心历久弥坚"为主题给全体党员上了一堂生动、深刻的党史专题党课。参与以"逐梦新时代,永远跟党走"为主题的"庆祝建党百年走进国歌唱响地"的教育活动。观看震撼人心的民族歌剧《田汉》。组织开展了"欢聚'学习里',共筑强国梦"主题宣传教育活动。

普陀区业余大学,2021年7月1日下午,召开以"学党史强党性,作表率当先锋"为主题的庆祝中国共产党成立100周年座谈会。会上,全体同志一起观看了《做时代先锋,为党旗增辉——校优秀党员事迹展播》专题片,一起聆听党员代表的发言。校党总支书记、校长徐文清向广大党员为学校建设、改革和发展付出的努力和心血致以崇高的敬意和衷心的感谢。并提出五点建议与大家共勉:一要强学习,筑牢信念之基;二要重实干,筑牢改革之基;三要用爱心,筑牢育人之基;四要善协作,筑牢服务之基;五要严纪律,筑牢廉洁之基。徐文清强调,要以党的百年诞辰为新起点,认真贯彻落实习近平总书记在庆祝建党百年大会上的重要讲话精神,大力传承弘扬百年建党精神,永远听党话、感党恩、跟党走。

静安区业余大学,2021年6月30日,举办"党的光辉照耀我们前行"庆祝中国共产党成立100周年主题活动。学校三位获评静安区教育系统"两优一先"的党员与广大教职工分享了成长之路。学校三个党支部和团支部以情景党课形式,将党史、校史学习的阶段性成果改编为情景党课进行展示。学校现年88岁的首届校友、静安书法协会会员程新六以"党的光辉照我心"为题,创作了一批篆刻作品在学校展出。7月1日,全体教职工观看"庆祝中国共产党成立100周年大会",中心组成员在直播后开展集中学习研讨。

（二）制定"十四五"规划

《上海市长宁区业余大学发展规划（2021—2025）》提出：

"发展目标

到 2025 年，办学水平迈上新台阶，数字化赋能取得新进展，终身教育发展取得新成效，社会治理能力迈出新步伐，建设成为上海市乃至全国同类院校中高质量协调发展的开放办学实体和终身教育大平台。

社会主义核心价值观深入人心，师生思想道德素质、科学文化素质和身心健康素质明显提升，校风师风学风更加优良。

打造高品质的教育服务体系：教育质量明显提高，学生职业竞争力不断增强，教育资源整合更为有效，与各类教育的沟通与衔接更为流畅，推进学历教育可持续高质量发展。社区教育资源供给更加优质共享、便捷可及，信息技术与社区教育实现深度融合，老年人群终身学习参与感、幸福感不断提升，社区教育支持服务持续高品质，社区教育率先实现现代化。教育培训机制进一步完善，服务与管理水平进一步提升，力争建成长宁区人才培训高地。

社会治理能力不断增强，社会治理平台持续优化，聚合各种力量和资源能力不断提升，实现深度融入社会治理。"

《普陀区业余大学"十四五"事业发展规划》提出：

"发展目标

到 2025 年，进一步构建具有普陀特点、上海特色的区办成人高校。高质量终身教育体系、高水平新型成人高校的建设更加完善。努力优化特色专业建设。努力提升社会服务能力、教育资源质量、社会影响力和终身教育满意度。"

"具体目标

办学基础更加扎实。对接普陀区经济社会发展需求，在发扬传统专业优势的基础上，开拓更加具有区域特色，更能促进区域发展的新专业，构建更加完善的线上线下一体化教学体系。

办学结构趋于完备。建设成为普陀区各行各业在岗人员学历提升、职业技能培训的主平台,成为促进区域市民多元学习的教育服务供给平台,成为满足市民对城市美好生活向往的教育资源支撑平台。

教育资源日渐丰富。优化配置办学资源,树立'开放共享'理念,积极丰富办学资源,建立完善的资源拓展体制机制,进一步提高终身教育资源的质量。

治理体系愈加合理。推进学校办学理念变革,完善各项管理制度,以更加灵活的运行机制提升整体治理能力,巩固'四教融通'的功能架构,形成政府为主导、学校为主体、教职工为主力,以及社会协同为合力的综合治理体系。"

(三)举行思政研讨会

2019 年 3 月 18 日,习近平总书记在京主持召开学校思想政治理论课教师座谈会并发表重要讲话,就如何办好思想政治理论课这一关键课程作出了具体部署和指导。习近平总书记指出,要坚持显性教育和隐性教育相统一,挖掘其他课程和教学方式中蕴含的思想政治教育资源,实现全员全程全方位育人。这就为我们规定了课程思政的含义,提出了课程思政的任务。在习近平总书记指示指引下,区办高校广大领导和教师开展了以课程思政为特点、特色、特征的教育教学改革活动,取得了积极成效。

2021 年 6 月 8 日,区办高校举行"庆祝中国共产党百年华诞——上海市区办高校 2021 年上半年教学工作会议暨课程思政教学研讨会"。区办高校校长联席会负责人、上海市长宁区业余大学校长张东平讲话。

讲话指出,课程思政是立德树人的根本要求。在区办高校中开展课程思政是由中国特色社会主义教育性质所决定的。十八大以来,特别是十九大以来,我国教育的中国特色更加鲜明。这就是坚持"为人民服务,为中国共产党治国理政服务,为巩固和发展中国特色社会主义制度服务,为改革开放和社会主义现代化建设服务","四个服务"为我国的教育发展指明了根本方向,也为教育的立德树人提出了根本要求。

讲话指出,课程思政是教学改革的重要内容。课程思政的推进将为各类非思想政治课程的教育教学改革设定新的目标、注入新的活力、提出新的命题、融入新的内容。落实立德树人根本任务,应该在各类非思想政治课程中融入思想政治教育的元素,举一反三、触类旁通、润物无声、潜移默化,达到思想政治教育的目的。要将习近平新时代中国特色社会主义思想融入教育教学全过程。将"四史教育"融入教育教学全过程。将辩证唯物主义融入教育教学全过程。将社会主义核心价值观融入教育教学全过程。将实现中华民族伟大复兴的中国梦的伟大实践融入教育教学全过程。

讲话指出,课程思政是教师素养的核心内涵。课程思政要求教师具有政治理论素养。课程思政要求教师认真学习马克思主义、毛泽东思想、邓小平理论、"三个代表"重要思想、科学发展观和习近平新时代中国特色社会主义思想。特别要求教师认真学习习近平总书记一系列重要讲话的精神。教师只有具有坚实的政治理论功底,才能驾驭专业领域的知识体系,挖掘丰富多彩的学科内容,阐述深刻内在的思想要素,把课程思政讲深、讲活、讲透,入耳、入脑、入心,收到真实效果。

讲话指出,课程思政要求教师具有社会实践积累。教师应该投身新时代新长征的伟大社会实践,关注国内外时事形势,从中汲取最新、最活、最深的课程思政养料,把课程思政教学讲成学生最爱倾听的教学章节。

讲话指出,课程思政要求教师具有对学生思想的把握。教师不应是一位单纯的教师匠,单纯传授学科知识。教师应该是学生的朋友、知心人,了解学生的所思、所想、所困、所惑。唯此,课程思政才能具有针对性、启发性、感染性、体验性,为学生喜闻乐见。

宝山区业余大学以"构建大思政体系,落实立德树人根本任务"为题召开思想政治工作会议。校长金新宇指出,当前思想政治工作开展要和我们党正在扎实地、深入地开展的"党史"学习教育活动紧密地结合起来,树立正确的大历史观,把中国共产党 100 年的历史融入思政工作之中,进一步树牢

"四个意识"、坚定"四个自信",坚决做到"两个维护",立志肩负民族复兴时代重任。还要把思想政治工作和师德师风建设紧密结合起来,要持续宣传教师优秀典型,讲好师德故事,用身边的榜样传递师德的力量。要坚持以身作则、为人师表,既用真言、真理、真行教化学生,又用真情、真心、真诚感化学生,以高尚的人格魅力赢得学生敬仰,以模范的言行举止为学生树立榜样。

（四）开展课堂教学赛

长宁区业余大学举行教学设计及课程思政现场比赛。学校特聘 12 位专家作评委,参赛课程涉及学历教育、职业培训及社区教育等方面,类别广泛且丰富。此次大赛分两个阶段进行:第一阶段,参赛教师上交 45 分钟课程的教学设计及 PPT;第二阶段,现场比赛,时长 20 分钟,并进行 5 分钟的教学反思。现场比赛历时一天,分六组进行,有 50 多位教师参加。比赛要求参赛教师从教学内容、教学组织、思政设计、语言教态等几方面展开。各位参赛教师在 20 分钟的时间内充分展示了自己的教学水平。赛后专家对参赛教师打分并做了点评:在态度方面——认真执着;在教学设计方面——知识点完备、展现方式合理、思政融入明确;在现场授课方面——热情且具感染力、思路清晰、表达流畅。通过比赛,学校认为,教师参赛,题目选择要适当,教学组织要多样化,要全力投入、认真备课,特别要认真的准备教案。

普陀区业余大学为了发挥首席教师的示范引领作用,持续深入地推进课堂教育教学改革,2021 年 5 月 18 日下午在"晓剧场"举办"普陀区业余大学第二届首席教师课堂教学改革探索（一）"展示活动。活动邀请上海市学习型社会建设服务指导中心办公室主任、上海开放大学社区教育部常务副部长等四位专家点评。

参加展示的首席教师,有的以《三国演义》中人物的出场次数生成的词频为例,展示"文本词频统计"这一教学片段,介绍三类基本组合数据类型,列表和字典的概念,以及如何掌握运用列表和字典来处理采集的信息和进行文本词频统计。有的选取"SWOT 分析企业战略及应用"这一教学片段,讲解 SWOT 分析战略要义,以上海 AI 城市发展战略为例,说明如何运用 SWOT 来制定企业总体战略。有的讲解数据可视化的概念,数据可视化的发展与相关工具、作用、流程、案例。有的展示西餐进餐中等位、摆盘、点菜、刀叉使用、品酒等礼仪操作要点,让大家在西餐礼仪中感受文化魅力,提升审美意识和生活品位。有的介绍城市化概念和城乡二元结构理论,阐述中国城市化进程发展道路以及面临的问题,解读相关政策。有的讲解市场营销课程中消费者行为这一章节的内容,着重对消费者行为影响因素进行说明,用滴滴和快递的补贴大战的例子来解释动机的含义和动机的分类。有的带来了宏观经济分析这一教学内容,重点介绍宏观环境所包含的政治法律环境、经济环境等六个方面的专业知识和内容。展示活动精彩纷呈。

普陀区业余大学在 2021 年 5 月 25 日举行"初心弥坚——第八届中青年教师教学研究课评比活动"。本次比赛邀请上海开放大学公共管理学院院长等九位专家担任评委。共 15 位教师分三组进行教学展示。九位专家评委对青年教师们的教学展示做了详细点评。参赛教师在教学案例构思、课堂教学设计、课程思政融合与信息化技术运用等方面的积极探索都给专家留下深刻印象。

（五）学科中心组换届

区办高校校长联席会高度重视教育教学改革的推进和教育教学质量的保障。自 1986 年起建立区办高校联合的共有学科中心组,2003 年起建立共有专业协作组,充分发挥区办高校的联动优势、资源优势、协作优势,以推动区办高校共有专业和学科的建设。2021 年 4 月 8 日,校长联席会进行 2020—2021 年度学科中心组和专业协作组组长换届。校长联席会负责人张东平校长向政治（中国特色社会主义理论、哲学）、法律基础与思想道德修养、计算机基础与办公自动化、行政管理学与行政法学、英语、大学语文、会计七个学科中心组,行政管理、工商企业管理与会计两个专业协作组新任组长颁发了聘书。张校长并就学科中心组、专业协作组的地位、作用、功能,加强自身组织建设,围绕课程思政开展教学改革等内容作了讲话。

  会计学科中心组由 10 位教师组成,有具有多年教学经历的骨干教师,也有刚刚步入工作岗位的年轻教师,骨干教师经验丰富,年轻教师充满朝气。教师都有一个共同的目标,那就是教书育人、为人师表。努力把学科中心组打造为一个团结、进取、学习型的团队。

  学科中心组提出,立足时代,以德施教,深化课程思政。他们认为每位教师要在课堂教学中融入爱国情怀、法律意识、社会责任、人文精神等要素,突出课堂育德、典型树德、规则立德,引导学生了解经济领域的国家战略、会计法律法规和相关政策,深入社会实践、关注现实问题,培育学生经世济民、诚信服务、德法兼修的职业素养。

  学科中心组提出,强化学习、转变观念、提高理论素养。他们认为,教师只有不断学习,方可教好书、育好人。学科组应该把教师的自我学习放在首位,努力形成浓厚的学习氛围。首先,要学习政治思想理论,结合成人学生的特点开展讨论,使全组教师牢固爱岗敬业的意识,教书育人、为人师表。其次,要学习专业知识,会计核算准则随着国家经济的发展不断调整变化,尤其税务会计这部分,会计老师只有不停的学习才能走在前沿,保持知识更新。

  学科中心组提出,明确目标,落实常规,注重反思。每学期都要明确本学期的教学目标和教学任务,做到有计划、有检查、有总结。还要落实好常规教学工作,严格过程化管理。还要注重课后反思与总结,形成"讨论-学习-讨论-反思-总结"的学科组活动特色。

  行政学与行政法学学科中心组提出,要交流专业课程中的课程思政设计与落实的经验,发挥成人高校的自主性,争创特色成果。要加强中心组教师之间的联系和交流,促进优质教学资源共享。要宣传树立教学质量是学校生存发展的生命线的理念,通过研讨课程教学质量的标准,明晰课程质量指标,重构课程教学知识体系。要结合疫情常态化带来教学形式的变化,议定课程教学的知识体系,修改现行教学大纲;要深度探讨"O2O 混合式教学"模式下线上资源的可用性与线下教学的有效性之间的耦合,交流经验。组织一次线上教学观摩。

英语学科中心组提出,要全面落实教育部关于课程思政的指导意见。在教研活动中,以英语课堂教学中的课程思政元素梳理为切入口,通过英语教研活动,在英语课程思政整体设计、英语教学融入思政内容、英语思政课题研究等方面,群策群力以达到课程思政教学设计的科学性、中西文化教学的融通性、教学活动的实效性。

学科中心组将根据成人教育的特点,在英语教研活动中以英语有效教学理论为指导,全面提高英语教学的成效,为成人学员的英语学习提供值得信赖的课堂教学,提高学生的满意度,并为学生的职业发展提供动力。

学科中心组将根据各个学校的特点开展教研活动,针对每个教师遇到的问题进行研讨,并帮助各学校教师高效、高质量地完成各个学校的个性化的教学任务。

工商会计专业协作组提出,为贯彻实行"要把思想政治工作贯穿教育教学全过程"的方针,协作组成员要梳理各门课程的思政元素,研究教学内容,发掘其蕴含的思政内涵,帮助各校的专业教师提高课程思政的质量。

协作组提出,随着智能时代的到来,社会和企业对工商管理会计用人标准会提出新的规定,为此协作组要讨论确定业大系统工商会计教学的培养目标,并细分为知识要求、能力要求、素质要求,加强讨论各个专业课程的安排、设置。

协作组计划开展教学改革的交流。由于科学技术的发展,同时也由于业余大学学生生源结构的特殊性,传统的教学模式不能完全发挥成人教育的优势,教学改革势在必行。协作组计划在合作交流过程中,讨论研究教学改革的新路,让学员能做到真才实学。

三、区办高校教育教学基本情况

(一)区办高校学历教育基本情况

区办高校积极扩大招生规模,取得了良好的办学成绩。据 2021 年统计：业余大学大专学生数为6 608人，与普通高校合作办学的专升本学生数为67人。大专的专业数为68个。仍然保持一定的办学规模。同时，业余大学作为上海开放大学的分校，大专学生数为4 480人，本、专升本学生数为5 645人。成为上海开放大学的最重要的办学支撑。另外，业余大学与其他办学机构联合举办学历教育的学生数为279人。总计学生数为17 079人。具体情况如表1所示。

表1 上海市区办业余大学办学规模一览

所属区/学校	业余大学			开放大学		联合办学学生数（人）
	大专学生数	专升本学生数	大专专业数	大专学生数	本、专升本学生数	
长宁	1 145	0	14	797	740	0
行健	570	0	4	4	3	52
宝山	188	0	2	590	433	0
杨浦	647	0	4	345	791	0
南湖	22	0	1	125	235	0
徐汇	992	0	18	659	1 144	69
黄浦	1 022	0	5	827	806	91
普陀	881	67	8	748	870	67
静安	1 141	0	12	385	623	0
合计	6 608	67	68	4 480	5 645	279
总计（学生数）	17 079					

（二）区办高校非学历教育基本情况

区办业余大学在继续办好学历教育的同时，积极转型发展，积极开展职业培训、社区教育、老年教育活动。据2021年统计：社区学院学员数为

137 055 人,老年大学学员数为 20 758 人,职业培训学员数为 24 627 人,其他多元服务及培训人数为 324 021 人,总计达 506 461 人,如表 2 所示。达到了和区域社会经济发展相适应的规模。

表 2　上海市区办业余大学非学历教育办学规模一览

所属区/学校	社区学院（人数）	老年大学（人数）	职业培训（人数）	多元服务及培训(人数)
长宁	4 823	0	14 233	12 813
行健	117	0	1 760	120
宝山	25 000	3 000	0	0
杨浦	1 944	0	300	400
南湖	0	0	0	0
徐汇	15 421	5 152	257	848
黄浦	2 500	6 895	250	133 674
普陀	424	2 870	1 799	174 866
静安	86 826	2 841	6 028	1 300
合计	137 055	20 758	24 627	324 021
总计	506 461			

（三）区办高校教师队伍建设基本情况

区办高校师资队伍继续积极发展,取得了明显的成效。据 2020 年统计:专职教师 662 人。其中,教授、副教授 157 人,占 23.0%;讲师 351 人,占 53.0%;其他 154 人,占 23.3%。兼职教师 204 人。其中,教授、副教授 64 人,占 31.3%;讲师 79 人,占 38.7%;其他 61 人,占 39.0%。教育教学志愿者 202 人。其中,教授、副教授 10 人,占 5.0%;讲师 17 人,占 8.4%;其他 175 人,占 86.6%。具体情况如表 3 所示。

表3 上海市区办业余大学师资队伍一览

所属区/学校	专职教师（人）				兼职教师（人）				教育教学志愿者（人）			
	教授	副教授	讲师	其他	教授	副教授	讲师	其他	教授	副教授	讲师	其他
长宁	1	14	35	13	1	2	17	23	0	0	0	0
行健	2	34	84	55	1	38	14	5	0	0	0	0
宝山	1	10	26	8	0	0	0	0	0	0	0	0
杨浦	0	8	20	7	0	1	1	15	0	0	0	0
南湖	3	26	40	11	0	0	0	0	0	0	0	0
徐汇	0	17	23	18	0	2	3	0	0	0	3	0
黄浦	0	17	43	5	2	0	1	0	4	6	14	175
普陀	1	15	34	9	1	0	4	5	0	0	0	0
静安	0	8	46	28	1	15	39	13	0	0	0	0
合计	8	149	351	154	6	58	79	61	4	6	17	175
总计	662				204				202			

（四）区办高校教育设施基本情况

教育资源的2021年统计数据为：占地面积为953 081平方米，建筑面积为293 576平方米，固定资产为113 411.57万元，图书为93.21万册。具体情况如表4所示。

表4 上海市区办业余大学教育资源一览

所属区/学校	占地面积（平方米）	建筑面积（平方米）	固定资产（万元）	图书（万册）
长宁	23 581	35 732	10 064.96	3.40
行健	56 096	73 938	35 663.15	45.68

续　表

所属区/ 学校	占地面积 （平方米）	建筑面积 （平方米）	固定资产 （万元）	图书 （万册）
宝山	25 529	28 912	6 657.00	5.15
杨浦	25 195	22 743	2 162.79	6.27
南湖	774 890	58 141	32 170.58	6.53
徐汇	10 327	14 940	5 060.63	6.54
黄浦	15 125	30 272	5 977.46	7.27
普陀	13 137	14 724	6 064.80	5.40
静安	9 201	14 174	9 590.20	6.97
合计	953 081	293 576	113 411.57	93.21

四、区办高校教育教学工作取得的主要进展

（一）课程思政教学实践取得成效

徐汇区业余大学尤丽娜老师在聋生大学语文课程中融入课程思政元素。她的做法是树立大语文观与大思政观，结合大学语文原有的教学目标、聋生的学情以及课程思政要求，提出针对动漫班聋生的大学语文课程思政教学目标：树立健康正确的三观，树立正确的职业理想，热爱优秀的传统文化。她提出探索大学语文思政教学的途径为：从教学内容中挖掘思政元素，在教学环节中渗透思政内涵；以学生的关注点为切入点，注重学生自身的个体体验，跳出教材拓展课程内容。

尤老师认为，不同于其他技能型课程，语文课程的教学效果并非立竿见影，而是潜移默化。虽然在学生心目中语文课程的地位无法与专业课程相比，但只要教师用心用力去上好一堂课，学生自然会进入课堂的情境，参与到课堂活动之中，有所体验、有所思考、有所获得，取得课程思政的成效。

上海行健职业学院钟一杰老师在网络文案创作课程思政中积极开展研究与实践。他指出,自媒体作为互联网上影响范围极广的信息传播形式,在弘扬社会主义核心价值观方面发挥着重要作用。网络文案作为价值观传播的基础,其创作者的思想政治和职业道德素养将对文案产生关键影响。在电商专业学生的学习阶段,教师要有效利用网上自媒体资源,挖掘文案创作专业课程中的思政教育元素,引领并塑造学生的社会主义核心价值观,实现立人的目标。

钟老师提出,在课程现状分析的基础上,如何找到思想性教学的突破口,可以多尝试各种解决的思路和办法。

一是思政内容的直接讲授与熏陶,让学生形成主动认知。比如在自媒体信息传递过程中,以发布与推广应遵循《电子商务法》《广告法》等法律,形成遵纪守法、实事求是的社会价值取向为思政内容切入点,向学生讲授相关法条法规,讲解相关案例,以达到学生主动吸收、形成认知的效果。

二是在专业技能的教学设计中,融入思想性教学,给予学生潜移默化的思政教育。比如教师可以通过观察学生日常的朋友圈等自发性文案作品,抓住学生的兴趣点和文风等特点,寻找学生乐于接受并学习的优秀文案,重点讲解优秀文案的思想性,让学生直观感受并理解社会主义核心价值观无处不在,从而在自己的创作中也能够充满正能量。

杨浦区业余大学沈先梅老师基于中西比较的视角在成人高校教育教学中进行"四个自信"思想的教育取得经验。沈老师认为,比较教学应该成为开展思想政治教育的一种重要方式。道路自信、理论自信、制度自信、文化自信是习近平新时代中国特色社会主义思想的重要内容。在课程思政中开展"四个自信"教育,应当根据成人高校学生的年龄特点和心理特征,适当运用比较教育的方法。通过比较中国和其他国家尤其是西方发达国家相关数据和事实,凸显中国经济发展的伟大成绩;凸显我国政党制度、政治制度在使命担当、战略定力、动员能力、民主广泛性等方面所具有的优势;凸显近年来中国和西方的发展道路、发展模式在全球范围内影响力的此长彼消,从而在"润物细无声"中使成人高校学生更好领会"四个自信",在内心深处坚定"四个自信"。她在教学时,在经济数据对比中增强"四个自信",在政治制度对比中增强"四个自信",从发展模式影响对比中增强"四个自信",取得良好成效。

虹口区业余大学刘政仙、侯晓丽老师总结了学校开展课程思政经验:

一是课程思政建设的基础在课程。学校开展课程思政系列微课建设,每门微课首先是在 8—10 分钟左右时间内讲清楚有关知识点,实现知识传授和能力培养。在尊重课程自身建设规律的前提下,在实现课程的基本功能的基础上,挖掘并凸显其中蕴含的价值引领元素。

二是课程思政建设的重点在思政。学校开展课程思政系列微课资源建设,涉及的是专业课程中的思政元素。要求教师加强课程思政的自觉意识,做到"三省吾课":知识传授明晰否,能力提升落实否,育德功能实现否。在反思中改进,充分挖掘课程的思政元素、育人功能,不断优化课程建设。

三是课程思政建设的关键在教师。教师是教书育人实施的主体,也是课堂教学的第一责任人,要成为一个有情怀的价值引领者,教师要从各自学科特点出发,不断思索、发掘课程所蕴含的思政元素和所承载的育人功能,精心选题,不断打磨微课制作的脚本。

四是课程思政建设的成效在学生。课程思政教学改革的效果如何,最终必须以学习者的获得感为检验标准。要加强对学习者的研究,针对学习者的思想特点,有的放矢地进行设计。

上海行健职业学院稳步推进课程思政建设,制定了《关于进一步推进课程思政建设的实施方案》。通过全面修订人才培养方案、研制课程思政教学指南、完善课程教学管理、加强教材建设与管理等举措,推进课程思政教学体系建设。通过推进课程思政工作体系建设和评价体系建设,构建以思政课为核心、综合素养课程为支撑、专业教育课程为辐射的课程思政育人体系,提高课程育人实效,全面提高人才培养质量。

(二)专业内涵建设取得积极成果

静安区业余大学在专业建设上取得了出色进展,他们的经验是:

第一,重视教育研究的引领作用。学校历来重视教育教学研究,重视终身教育发展规律与国家大政方针的研究,重视学校特色优势与瓶颈问题的研究,重视专业发展与课程建设的研究。重点推进了课程思政、混合式教学等重大课题的研究与实践,出版了研究论文集,提升了教师的研究能力和教学能力。

第二,满足社会需求优化专业设置。为满足本区居民对美好生活的需求,学校开设新专业中医养生保健、优化书画艺术专业和人物形象设计专业的课程设置;为满足企业和部队管理人才需求,学校开发了行政管理等专业送教上门和线上教学等多种形式组合的办学模式,得到需求单位好评。学校还注重通过实训教学来加强专业的特色内涵建设,专业的实训室不断新建、改建、升级。

第三,打造一支素质过硬的教师队伍。学校在年龄、学历、学位、职称、专业、教学能力等方面基本形成教师队伍的梯队结构。开展见习教师规范化培训、职初教师教育教学基本功培训、骨干教师研修培训、学科带头人沙龙活动等一系列完备的教师进阶式发展活动。初步形成分类指导的教师发展管理与服务机制。

第四,建立科学完善的质量保证体系。学校完善教学管理制度,加强各教学环节的质量监控。加强教务规范化管理,教学资料档案管理规范化。学校从招生到毕业,全程为学生提供线上线下学习支持服务,所有课程建设网上教学资源,有效支持混合式教学模式的开展。

书画艺术专业建设是学校教学改革的一个重要成果,学校参与"风从海上来,海派证券绘"优秀美术作品颁奖典礼暨巡展开幕仪式活动。这一活动在中国证券博物馆隆重举行,由上海证监局、上海证券交易所指导,上海投保联盟、中国证券博物馆、静安区终身教育研究所、湘财证券投资者教育基地、证通投资者教育基地、静安区业余大学、上海开放大学静安分校等多家单位联合主办。学校师生作品获得广泛好评，多幅作品被中国证券博物馆收藏。

这一活动是上海证券界献给中国共产党成立 100 周年的"生日贺礼"；学校与金融行业在活动举办过程中碰撞出的创意与合作的火花：双方计划于 2022 年起联合开展上海市民金融素养教育品牌活动——"金融可阅读"系列品牌活动，一起携手从静安出发，开启辐射全市的金融素养教育之旅。

上海行健职业学院多举措强化专业建设，落实教学质量监控举措。一是人才培养方案监控，二是专业设置监控，三是课程诊断监控，四是教学过程监控，五是教师培训监控。各专业人才培养模式不断优化，形成产学融合的教学过程，培养的学生综合素养较突出，符合人才培养目标。学校打造专业教学资源库，学前教育、电子商务二个专业教学资源库已完成建设。学前教育专业根据专业发展规划，建设教学资源库建设团队，教学资源库体现专业特色。电子商务专业教学资源库确立内容开发、平台运行、交流推广、更新升级四个维度，社交电商、跨境电商、创新创业三条主线，以及电子商务网络营销、电子商务运营实务、网点数据分析、跨境电商运营实务、网络创业五门在线教学核心课程，内容丰富多彩。

（三）线上教学改革成果屡获殊荣

长宁区业余大学荣获全国高校继续教育在线教学先进单位称号，张东平劳模工作室在线教学"让在线教学'简单'而'有效'"案例获评"全国高校继续教育在线教学优秀案例"。学校的成功经验主要是如下四个方面。

一是学校搭建平台，组建在线研究团队。2020 年，上海市总工会在长宁区推荐的基础上，通过评审命名了以长宁区业余大学党委书记、校长张东平名字为名的数字化学习劳模创新工作室。工作室建立在线教学研究团队，汇聚专家、中青年教学骨干、教学技术服务人员，以期用团队协作与研究的方式解决学校在线教学中的重点难点问题。

二是学校实践创新,完善在线教学环境。团队以创设一个"简便、稳定、实用、有效"的在线教学环境为目标,在不断教学实践的基础上,构建了"三分屏在线教学课堂"在线直播模式,并在实践中不断完善。在此基础上,通过与专业公司的合作,把三分屏设计思想开发成集成软件,并一边实践一边改进教学软件功能,提升在线教学质量和效果。

三是学校聚焦问题,深化在线教学研究。团队在开展在线教学研究中,坚持以问题为导向,一切从实践问题出发,以着力解决问题为追求的目标。团队成员根据本人参与教学管理及课程教学的实际,从不同侧面思考在线教学存在的问题,共设立四项研究课题,计划完成九篇学术论文。

四是学校注重实践,提升在线教学效果。在进行了两个学期的教学实践后,教师在线教学模式趋于稳定,上课前调试好设备后在线授课全程无须教学服务人员在场,不仅可以取得较好的教学效果,同时开始突显在线教学的优势。学生不用进校就能聆听到老师生动的授课,解决了工学矛盾,学生出勤率大大提高,扩大了教学对象的覆盖面。在线教学快速及时、灵活便携、交互协作的特性也很受学生的欢迎。

普陀区业余大学党总支书记、校长徐文清,发展研究部主任王仁或教授等四位教师的"依托信息技术战疫情,发动全员参与保质量"等三个教学案例也获奖,他们总结了如下三项经验。

一是全员参与能力培训提高信息素养。为了更好地提升教师对教育技术的掌握和运用能力,一方面,学校组织全体教师参加由上海市教委组织开展的为期五天的"线上教学专题培训"。另一方面,学校还邀请信息技术领域相关专家进行专项培训辅导,有效提升了全校教师对线上教学的理解,以及对信息技术运用的共识。

二是有效联络软件公司提供技术支持。学校选择腾讯课堂作为战疫情期间的教学支持软件,选择腾讯会议作为学校推进各项交流研讨的会议支持软件,实现了在线直播课堂教学的稳步推广和教学秩序的及时掌控。

三是积极优化教学设计有序推进教学。学校要求相关教师通过召开教研会的形式逐步统一教学要求,积极组织每位教师对自己的课程教学内容与教学 PPT 进行更新与完善。

(四)统考联考精心组织持续推进

2021 年上半年,联教办将大学语文(下)作为区办高校联考课程。长宁区、宝山区、普陀区、静安区四所业余大学参加联考。对静安区业余大学进行计算机基础抽考,学员出考率 89.82%,优良率 54.55%,合格率 81%。具体数据如表 5 所示。

表 5　2021 年上学期联考、抽考成绩统计

考试形式	考试科目	业余大学所属区	出考率(%)	优良率(%)	合格率(%)
联考	大学语文(下)	长宁、宝山、普陀、静安	89.5	52	78.43
抽考	计算机基础	静安	95	68.5	94.74
合　计			90.3	54.55	81

本次联考静安区业余大学成绩突出,具体数据如表 6 所示。

表 6　静安区业余大学大学语文(下)联考成绩

成绩等级比率	应考	实考	90～100(优)	80～89(良)	70～79(中)	60～69(及格)	0～59(不及格)
人数	17	16	12	3	1	0	0
成绩合计		1 440	1 107	256	77	0	0
占实考生比例(%)			75.0	18.8	6.3	0	0
出考率(%)	94.1		平均成绩	90.0	及格率(%)	100.0	

2021年下半年,联教办将行政管理学作为区办高校联考课程。长宁区、徐汇区、普陀区、静安区四所业余大学参加联考。对宝山区、黄浦区、静安区三所业余大学进行行政法学抽考,学员出考率84.8%,考试成绩各校差异较大,优良率31.5%,合格率81.5%。具体数据如表7所示。

表7　2021年下学期联考、抽考成绩统计

考试形式	考试科目	业余大学所属区	出考率（%）	优良率（%）	合格率（%）
联考	行政管理学	长宁、徐汇、普陀、静安	86.1	29.5	77.14
抽考	行政法学	宝山、黄浦、静安	82.6	35.1	89.47
合　计			84.8	31.5	81.5

（五）《求索（第十九期）》出版质量提升

区办高校,2021年完成《求索——上海市区办高校教师论文选编(第十九期)》定稿。

为了进一步提高论文选编的质量,在校长联席会领导下,编委会2021年5月27日召开稿件评审专家会。校长联席会负责人张东平校长讲话,校联会顾问张德芳校长会前主持,校联会聘任专家岑咏霆教授作专题讲解。张东平校长指出,论文选编的生命在于质量,而评审专家在论文选编的质量把关方面发挥着重要作用。在新的形势下,论文选编面临着进一步提升质量的重任,要求评审专家高度负责做好论文评审工作。岑咏霆教授对论文评审的要求进行了解读。回顾了《求索》19年走过的质量追求之路,分析了新的任务和责任,进一步明确论文选编的定位、评审标准、录用标准、录用程序,评审表填写要求。岑咏霆教授用案例说明强化评审责任的重要性,给与会专家留下深刻印象。与会专家普遍认为会议对论文选编评审质量提高发挥了积极作用。

本次征稿共收到论文73篇,涉及经济管理、财会、数学、教学管理、外语、政治、网课、艺术设计、社会工作、教学研究等专业。经过评审专家、编委会、出版社审定,录用 52 篇,录用率为 71%。这些论文全面地反映了区办高校在 2020 至 2021 年度开展学历教育、职业教育、社区教育、老年教育诸方面教育教学改革和教育教学研究的成果,既有理论探讨,又有实务研究,既有宏观扫描,又有微观挖掘,既有全面论述,又有个案分析。

在录用论文中,以下论文得到专家好评:张凤芳、魏子华的《区域职业培训品牌建设的研究——以社工培训为例》,李粲的《成人高校教辅人员在线上教学中的保障力研究》,姜姚月的《社区教育直播课堂中教学支持服务的实践探索》,周志坚、陆莉莉、钱庆丰的《疫情状态下老年教育在线教学的实践与思考》,于兰婷、张燕红的《亲子财商教育的原则和建议》,朱乐艺的《现代学徒制的教学模式探索》。这里特别提出,顾欣的《基于 ARIMA 模型对中国石油股票收盘价预测的实证研究》、贾利敏的《基于多项式主观逻辑的粗糙集信任规则模型》两篇论文,作者都是青年教师,具有良好的教育背景和专业背景,采用数量化的方法,应用数学模型,解决学科领域的实际问题,这在成人高等教育系统并不多见,表现了一定的专业素养和学术功底,真是后生可期,值得关注。

(六)能力考试质量提升,招生形势趋稳

2021 年在上海市教育考试院的领导下,区办高校能力考试继续顺利举行。校长联席会对能力考试提出了努力提高命题质量的新要求。命题组根据这一要求,认真学习习近平新时代中国特色社会主义思想,对命题的基本框架进行了新的构建。提出了在政治理论板块突出新思想,在时事形势板块突出新征程,在法律法规板块突出新内容,在道德品质板块突出新内涵,在计算技术板块突出新成果,在科学普及板块突出新进展。在这一思路的指引下。试卷的政治理论方面突出了马克思主义中国化的科学内涵的内容,以及辩证唯物主义要坚持"两点论"、一分为二看问题,既要看到国际国内形势中有利的一面,也要看到不利的一面的内容。法律规范方面增加了如下内容:经第十三届全国人大常委会第二十八次会议审议,对《中华人民共和国教育法》第五条进行修改,将党的教育方针落实为国家法律规范。党的教育方针具体内容为"教育必须为社会主义现代化建设服务、为人民服务,必须与生产劳动和社会实践相结合,培养德智体美劳全面发展的社会主义建设者和接班人"。科学普及方面包括了上海市发展在线新经济和5G技术等方面内容。为了及时反映国际时事形势,命题组在已经完成试卷初稿的情况下,及时补充重大国际事变的内容。

徐汇区业余大学招生工作取得较好成绩,学校主要采取了如下四项举措。

一是严格执行政策规定,规范招生流程。学校招生工作发扬全心全意为考生服务的工作精神,执行规范、严格的管理制度。在招生工作筹备阶段,学生处招生团队分析历年生源状况、了解社会要求、调整专业设置、制订招生计划;在启动阶段,组织招生工作人员进行集中培训,熟悉有关招生报名工作的政策和规定并认真贯彻执行。

二是优化报名咨询环节,增加生源数量。学生处招生团队加强招生宣传,广泛利用互联网信息化营销模式,吸引社会生源报名。在新冠肺炎病毒疫情暴发的情况下,招生人员通过微信、电话等方式与考生进行沟通,耐心介绍和解答考生提出的各种问题,维护好生源的数量。除了社会生源外,在规范管理的前提下,学校继续开展联合办学,针对合作单位的行业背景、职业的特殊性,开设相应专业,量身定制个性化人才培养方案。2021年,报考的各类考生达到344名。

三是严把考生资格审核关,保证生源质量。网上报名期间,学生处招生团队正确把握招生的报考要求、时间节点。重点加强对报考资格、录取照顾政策等重点环节的审核和检查,严格考生报名管理。对于符合照顾政策加分的考生,及时将考生信息公布在学校官网,确保信息公开透明;对于不符合年龄要求,不符合学历要求,不符合加分政策规定的考生,及时与其本人联系并确认核实,从招生源头上保证生源质量,并在规定时间完成招生报名工作。

四是制定现场防疫预案,保障师生安全。针对今年的特殊情况,学生处事先制定了防疫预案,成立防疫防控工作小组,采用学生不进校的方法完成现场复核任务。复核期间,设立报名咨询电话,校门外增设间隔一米距离的安全通道,安排保安维持现场秩序,由两名招生老师在校门卫室接待前来复核的考生,核实考生身份,校验复核材料,并做好详细记录。同时,现场配备免洗消毒洗手液、消毒药水等防疫物资,供师生使用。

五、需要进一步研究解决的问题

(一)文件学习贯彻需进一步深化

在"十四五"开局之年,教育部、上海市有关部门出台了一系列关于继续教育、终身教育的相关文件。为新时期区办高校的教育教学改革和发展指明了前进方向和实施路径。区办高校要进一步深入学习贯彻文件的精神,以推进教育教学的新发展。

(二)招生经验推广需进一步加强

2021 年的招生工作有一些学校取得了较好的成绩,他们创造和积累了一些可推广、可复制、可借鉴的成功经验。他们的经验集中到一点,就是把招生工作置于办学理念的高度加以认识,并在办学模式上开拓创新,由此推进招生工作,值得其他学校深入学习。

(三)质量年报撰写需进一步优化

质量年报已经撰写到第八本,为了进一步优化撰写质量,要稳定撰写人员队伍、规范撰写规程、重视资料优选以及总结撰写经验。

凝心聚力，提质增效，开启新征程

——2022年长宁区业余大学教育质量年度报告

2021年是中国共产党成立100周年，是实施"十四五"规划的开局之年。在新形势下，学校全面贯彻党的教育方针，落实立德树人根本任务，推进学校各项事业协调发展，实现"十四五"良好开局，以优异成绩庆祝建党100周年。

一、以史为鉴，砥砺前行

围绕建党100周年的主题，学校通过开展党史知识竞赛、诗歌朗诵会、红歌对唱、快闪视频、党史微课、主题征文等活动，生动鲜活地讲好中国共产党故事，为党的百年大庆记载伟业、展示辉煌，不忘立德树人初心，牢记为党育人为国育才使命。

一是举办"学党史、明初心、践使命"知识竞赛。学校把学习党史作为党、团员的必修课，引导全校教职工知史爱党、明史爱国，让党史学习教育入脑入心。同时，积极组织教职工参与区教育工作党委组织的党史学习教育知识竞赛，学校教工获得三等奖的佳绩。

二是举办"唱红歌、颂党恩"教师红歌演唱会。学校结对、老师带领学生一同学党史、唱红歌、颂党恩、迎端午，让学生切实感受中国共产党历史的灿烂辉煌和中华传统文化的源远流长,以实际行动迎接中国共产党成立100周年。

三是举办"百年华诞启新航,矢志建功新时代"朗诵会。在"七一"党的生日之际,全校教工、学生通过观看"庆祝中国共产党成立100周年大会"直播、唱国歌、重温入党誓词、诗歌朗诵等,庆祝中国共产党成立100周年,激励全体党员坚定不移跟党走的决心与意志,弘扬和讴歌中华民族的伟大胜利,唱响中国共产党好、社会主义好、改革开放好的时代主旋律。

四是制作祝福党的百年华诞快闪视频。为纪念建党百年,学校党委用快闪视频的方式,讴歌祖国改革开放事业的伟大成就,抒发对党和祖国的赤忱热爱,表达师生们坚决弘扬爱国精神,在建设新时代中国特色社会主义的新的伟大征程中建功立业的坚定信心和崇高信念。快闪视频《唱支山歌给党听》获得了上海开放大学二等奖。

二、规划引领,落实精神

学校认真贯彻党的十九大和十九届二中、三中、四中、五中、六中全会精神,深入学习贯彻习近平总书记关于教育的重要论述,学习贯彻全国教育大会精神。全面贯彻国家、上海市和长宁区第十四个五年规划和二〇三五年远景目标的要求。贯彻落实《中国教育现代化2035》《上海市教育改革和发展"十四五"规划》《上海市终身教育改革和发展"十四五"规划》《上海市终身教育促进条例》《深化新时代教育评价改革总体方案》及《长宁区教育综合改革方案》。在广泛调研和征询意见基础上,汇聚集体智慧,制定了《上海市长宁区业余大学(社区学院)"十四五"发展规划》。聘请上级主管部门领导、同类学校相关人员、校外专家开展多次座谈交流,同时面向学校各职能部门和广大教职员工征求意见与建议,经过多次修改与完善,最终形成了学校"十四五"发展规划文本,并由教代会审核通过。

为深入学习习近平总书记关于教育的重要论述和全国教育大会精神,

学校召开领导班子专题会议、理论中心组研讨会议贯彻落实。在此基础上，以基层党支部为单位，深入学习全国教育工作会议文本材料；同时通过中层干部培训、全校教职工大会宣讲等形式，强化学习成效。学校还通过网站、微信公众号推送有关会议情况，以主题班会的形式，向学生传达学习会议精神。2021年全国教育工作会议对学校领导班子正确认识当前所面临的形势与任务，统筹谋划好今年学校总体工作指明了方向，为学校教职工明确学校教育教学改革的重点任务发挥了积极推进作用。

三、数字赋能，提质增效

学校领导班子认真学习领会《上海市教育数字化转型实施方案（2021—2023）》，并结合实情，继续推进"学在数字长宁"创新发展，推出了庆祝建党100周年长宁区社区教育云视讲堂，打造了一批"终身学习云视课堂微空间"，建设"学在数字长宁"大数据中心，推进云视课堂协同管理平台的应用。学校同时落实"老年人跨越数字鸿沟"各项工作，指导长宁区各街镇开展老年教育智慧学习场景建设，破解老年教育在线报名"求学"难题，培育智慧长者数字化学习导学员，开展"老年人跨越数字鸿沟"统计工作。学校还通过实现学习环境"智联可通"、学习空间"智达可融"、学习资源"智享可选"、学习机会"智惠可及"的目标，打造长宁区智慧型的终身教育数字化学习生态，助力"四力四城"建设。

四、深化改革，积极探索"双元制"模式

学校对标国家、社会、区域发展需求推进学校自身转型升级，积极贯彻《关于加快推进上海虹桥临空经济示范区建设的实施意见》文件精神，依托长宁区区位优势，结合学校的办学特点，在政府、行业、企业的大力支持下，挂牌成立航空运输学院，为航空服务业输送可用人才，以校企合作形式开设

"云南红河空乘定制班",探索成人高等教育、职业教育与继续教育融合发展的新模式。

产教融通,共谋发展。学校精准对接空中乘务职业标准,与春秋航空公司签订校企合作协议书,与中国国际航空、中国南方航空签订校企合作意向书,将就业发展与企业发展紧密结合,实现社会、企业、学校、学生共赢。成立管理与专业委员会,凝聚专业力量,指导专业高质量发展。采取课程学习、技能培训和顶岗实习多元组合,培养空中乘务高素质强技能人才。空中乘务专业逐步被打造为航空运输学院的特色品牌。

校企合作,精准帮扶。学校与春秋航空公司联合推出"红河蓝天筑梦计划",以"学历教育＋技能培训＋就业落实"的订单式培养模式,师生一对一结对的帮扶方式,在政校行企社的协同共建下,重点帮助云南省红河哈尼族彝族自治州"建档立卡"的学生,圆梦蓝天,实现人生飞跃。2020年,第一批18名学生中已有80％的学员通过学习培训实现了"单飞"。2021年3月,招生工作组再次前往云南省红河县、绿春县、金平县招生。经层层选拔,第二批15名学员脱颖而出,通过这种专项计划重点帮扶,以人才振兴促进乡村振兴。

五、加强专业建设,促进内涵发展

近年来,学校走区域特色办学之路,积极探索民航行业人才标准引领下的民航职业教育与培训,形成学历教育和民航职业教育相结合、教育培训与产业实训相结合的办学模式,对接区域发展对航空运输服务人才的需求。

2021年,学校召开了航空物流专业三门课程的在线资源建设动员会,将相关工作要求和内容进行了传达部署,按照相关时间节点督促主持教师做好包括课程资源建设申报书填报、按照专家意见修改完善资源建设内容、制作课件等工作。目前,相关的课程微视频拍摄制作等工作由总校技术公司负责,其余包括课件、教学资料等工作由主持教师及团队负责完成。组织教工参观学习上海工程技术大学、上海现代职业技术学校、上海民航职业技术学院的航空物流实训场地及设施设备，了解航空物流综合模拟软件、VR、模拟叉车设备等报价，结合学校实际探讨引进可行性。

2021年，学校在教学中采用面授、直播或面授与直播混合式教学形式。完善相关制度，细化直播教学中直播平台、教学内容、仪容仪表等教学要求，明确专业负责人工作职责、BBS网上实时教学的相关要求、网上资源建设标准。同时，着重加大听课力度，加强实践环节质量监控。初步完成下学期教师选课、教材征订、教学形式确定等工作。做好在线教学研究团队、名师工作室的相关支持服务工作。

六、保障制度建设，提升教育教学质量

学校围绕教学计划的制订、教学活动的组织与实施、教学的检查和评价、教材的审核、教学总结等环节进行规范化、精细化管理。严格审核教师填报的教材；通过期初动员和个别指导，对新教师开展网上平台操作的培训；开展全方位教学检查，包括对教师授课计划制订与实施、网上资源建设、形考作业批改、教研活动（培训）参与、复习资料准备、试卷批改（质量分析）等方面，发现问题及时与教师本人、专业负责人、教学处沟通，对不符合要求的限期整改并采取相应的措施。

同时，学校着重加大听课力度，要求教学处负责人、专业负责人听课次数不少于四次。对于听课情况，教学处经归纳汇总后及时作出教学评价，并与任课教师和专业负责人沟通，力争打造"满意课堂"。进一步加强实践环节质量监控，对于出现论文质量不达标、审阅进度缓慢、学生满意度低等情况的指导教师，教学处和专业负责人及时了解情况，采取措施，提出批评和整改要求。所有实践环节工作结束后，要求专业负责人对指导教师的工作做出书面分析和评价。

为进一步规范教学管理工作，学校修订完善了相关制度。针对直播教

学,就直播平台、教学内容、教学时长、仪容仪表等方面要求进行了细化;针对专业负责人工作职责,明确了各环节的督促检查、听课次数、专业建设、师资挖潜等方面的要求;针对 BBS 网上实时教学,围绕发帖内容、发帖数量、教学次数等方面,完善了教学要求;针对网上资源建设标准,明确了资源数量、内容形式等方面要求。

七、多措并举,深化队伍建设

队伍建设一直是学校教育教学的重点。2021 年,学校多措并举,深化各支队伍建设。一是专业负责人队伍。调整并充实了专业负责人队伍,专业负责人听课共计 18 次(每次听课时长 2 学时),涉及 16 门课程 11 名教师。二是师资队伍。2021 年上半年全校教师分组进行了教学比赛,以赛促教,全面提升师资业务水平;推选 6 名青年教师参加上海开放大学第四届青年教师教学竞赛决赛,3 名教师获奖;1 名教师在上海开放大学英语教师课程思政教学设计大赛决赛中获三等奖;在线教学研究团队的 2 名青年教师在宋亦芳教授的指导帮助下,在核心期刊上发表论文;利用教师业务学习时间,邀请高级职称教师、骨干教师进行教学示范课、公开课展示;安排 3 名教师带教新进教师。三是主持教师队伍。2 门主持课程民航乘务英语、民航法律法规获评上海开放大学课程一体化教学优秀案例,确定了航空物流专业 3 门课程主持教师和团队成员。四是教学管理员队伍。逐步树立"管理即服务"的工作理念,增强了靠前意识,经常、主动地与任课教师沟通,并提供支持服务。

八、科研兴校,硕果累累

以规划谋划发展,以科研引领发展,以创新驱动发展,以总课题加子课题为研究模式,成为学校长期发展过程中形成的一个特色。总课题《区域成人高校助推社会治理的实践研究》被立项为区级重点课题，《教育现代化视域下社区教育体系研究》被列为教育部重点课题。举办开大学术月活动是充分展示学校科研实力和科研成果的重要平台，在2020年成功举办了一次开大学术月活动之后，学校2021年又举行了两场学术月活动。

2021年，学校科研再上新台阶，硕果累累。学校共立项13项课题，其中不乏教育部重点课题、长宁区教育局重点课题等项目。在课题结题方面，共有9项课题结题，其中既有教育部重点课题、国家开放大学课题，也有上海终身教育研究会协会课题。在论文发表方面，学校共公开发表论文17篇，其中核心期刊9篇，人大复印资料转载2篇。在科研获奖方面，共有14项科研成果获得各级各类的奖项，包括一、二、三等奖，其中协会类7项，学会类2项，省部级3项。在专利申请方面，学校一共申请了2项专利。

九、加强宣传，推动文明单位创建

学校以"深化内涵管理，服务终身教育大平台建设"为整体工作理念，将文明创建与党建工作、学校重点工作、教职员工服务工作相结合。通过加强宣传教育，扩大创建工作的知晓率，调动师生主动参与创建的热情。按照文明单位创建指标要求，加强创建工作的常态化管理。2021年学校再次荣获上海市文明单位，这是自2007年创建成功以来，连续七届获此殊荣。

2022年是党的二十大召开之年，是"十四五"规划实施的关键之年。学校将继往开来，踔厉风发，奋力谱写高质量跨越发展新篇章。

精细管理，精准发力

——2022 年上海行健职业学院教育质量年度报告

上海行健职业学院是上海市人民政府批准、国家教育部备案，由静安区政府主办的公办全日制高等职业学院。学院以高等职业教育为主体，同时不断完善继续教育、职业技能培训、社区教育等办学功能。

2021 年是中国共产党成立 100 周年，是"十四五"规划开局之年，也是静安区开启卓越的现代化国际城区建设新征程起航之年。一年来，学院坚持以习近平新时代中国特色社会主义思想为指导，深入贯彻习近平总书记关于疫情防控工作的重要讲话和重要指示精神，聚焦立德树人根本任务，各项工作都取得了长足进步。

学院秉承"进德修业，自强不息"校训，主动适应区域经济建设和社会进步，培养高素质技能型人才，以特色创一流，以多元谋发展，形成了地区性、通用性、独特性和国际化的办学特点。学院拥有一支以中、高级职称为主体，硕士、博士学历为主的专职教师队伍，同时聘请一批著名教授、专家来学院兼职兼课。成人教育学院开设了计算机网络技术、工商企业管理、汽车检测与维修技术、电子商务、酒店管理与数字化运营、会展策划与管理、广告艺术设计、影视多媒体技术、学前教育 9 个继续教育专业，并与上海师范大学合作，进行"专升本"学历层次教育，是上海师范大学高等学历继续教育优秀校外学习站点，进行"专升本"学历层次教育。

学院积极探索与社会公共服务相适应、产教深度融合的现代职业教育模式，确立了"立足区域、辐射上海、面向社会、对接市场"的办学定位，构建了与企业紧密合作的办学机制，架构了符合社会发展需要的专业体系，为区域经济发展和文教民生事业提供丰富优质的服务。

一、围绕重点增实效，筑牢教育教学保障

（一）教学硬件保障

2021年末，学院生均教学科研仪器设备值为22 433.91元，生均教学行政用房面积为26.25平方米，生均校内实践教学工位数为0.69个。

教学计划内的课程总数达875门，其中线上开设课程数为768门，线上课程课平均学生数为82人。学院完成学前教育、电子商务、大飞机结构装配三个专业资源库建设，并逐步完善，致力于建设示范教学资源库。截至2021年末，资源库总访问量达3 474 573次，点击总数达7 319 758次，交流互动次数达1 921 426次。

学院馆藏全年采购新书16 200册，纸质图书达45.68万册，电子专业期刊19 208种，生均图书113.33册。2020—2021学年，学院图书馆积极主动探索新发展，从学科建设角度分析馆藏现状，优化细化各项措施，形成以学科服务为导向的纸质馆藏资源建设新模式。

（二）师资队伍保障

2020—2021学年，学院共有在岗教职员工274人，其中专任教师176人。"双师"素质专业教师比例为80.68%，高级专业技术职务专任教师比例为29.55%。

学院积极探索人才强校和创新发展战略，确立打造"双师型"教师队伍的明确目标。在深化产教融合和校企合作过程中，注重制度对教师"双师"

能力的提升和促进作用。同时，采用"内培外引"模式培养和引进技术技能型人才，助力学院教师队伍建设。

引进行业大师，建设技能大师工作室，助力高技能人才培养。学院出台《上海行健职业学院技术技能大师工作室管理办法》，进一步规范了技术技能大师工作室建设项目管理，扶持和鼓励行业技能大师走进校园。促进教师"双师型"素养提升，提高人才培养质量，更好地服务上海经济社会发展。2021年，依托优势重点专业，新引进2名行业技术技能大师——上海五一劳动奖章获得者洪永楠、全国教书育人楷模应彩云，聘请他们走进校园成立技术技能大师工作室，引领汽车维修技术专业和学前教育专业建设发展。

搭建发展平台，出台激励政策，培养技术技能大师。学院致力于支持和培养骨干教师成为技能大师和优秀人才。出台《上海行健职业学院人才激励办法（试行）》，拨出专项经费支持和鼓励专业教师提升双师素养。

（三）教学改革保障

开展"1＋N"次教研活动，强化"教学质量是生命线"的教学质量意识。每学期开展"1＋N"次教研活动，固定以"如何提高教学质量"为主题。采取"2人一组"听评反馈机制，以教师团队为单位开展听课与观摩。全年43个教师团队开展听课评课328人次。

调研分析专业人才培养质量，20个专业准确定位人才培养目标。学院针对20个专业开展调查研究，开展毕业生就业状况跟踪调查和用人单位满意度调查，准确定位专业人才培养目标。

落实教学评价改革，探索实施在线考核。学院超过80％的课程开展过程性考核，将学习过程与学习评价相结合。同时，探索在线考核形式，截至2021年末，28门课程实施在线考核。

以建设"示范课堂"为契机，持续推动教学质量提升。学院发布建设"示范课堂"的实施办法，从五个方面带领教师建设示范课堂：教师树立以学生为中心的教学理念，教学拥有合理稳定的教学团队，课程进行科学的教学设计,采取开放式的教学方法,运用综合性的考核方式。通过示范课堂建设带动教学质量整体提升。

开展任课老师的资质审查,确保任课老师均具备课程相关专业知识和教学能力;与各任课老师保持良好的沟通,带领全体教务人员本着为老师提供优质服务的理念,随时关注任课老师的需求;组织教务人员按照规定完成学生的选课、注册缴费、教材选购、学科考试等常规工作,规范工作流程,提高教学服务精准度。

(四)信息技术保障

信息中心联合学院主要职能部门不断创新师生信息素养提升的内容和形式,搭建师生信息素养提升全生命周期平台。平台架构在数字校园之上,包括一个由入校教育、讲座论坛、系列课程和各类活动构成的"四位一体"的信息素养提升教育体系和两个对建设实施有约束关系的支撑体系。完成后的师生信息素养提升全生命周期平台在全面提升师生信息素养中发挥了重要作用。

为服务师生适应未来教育,学院对思行楼(3号楼)进行了整体改造,构建了"互联网+"时代背景下的智慧学习空间(Space365),促进了师生教与学的变革,使学生忙起来、课堂活起来。

Space365实现楼宇管理智慧化、师生服务无感知、学习空间现代化。人脸识别门禁、流量监控、无感知人脸识别考勤、校园智能安防监控等功能有机融合、高度集成。支持无界式网络点播直播,资源共享,互动教学,打破教室与空间的限制。建成旗舰版互动研讨、灵动型智慧教室等多种类型学习空间和其他公共学习空间总计近40个,覆盖五层楼面,智慧学习空间面积近5 000平方米。对思行楼整幢楼进行信息化改造,无论是在技术水平上,还是在规模上都居于上海同类院校前列。

Space365为学习空间赋能。Space365与我院在线教学平台——泛雅教学平台深度融合,以学生发展为中心,促进师生、生生互动,形成知识建构与合作分享的环境，提升学生高阶思维能力，培养全面发展人才。多种空间的建设，支持混合式教学、翻转课堂、研讨教学、项目式学习（PBL）教学等多种新型课堂组织形式，促进学生深度学习与合作学习。

Space365促进教学方法变革。配合泛雅教学平台使用，使学生忙起来、课堂活起来。课前，精品资源，深度导学；课中，丰富的互动模式、即时的学情反馈，全面的课堂管理，分组多屏互动，课堂自主导播全程实录；课后，教学诊断，个性辅导，定制作业。截至2021年末，教室使用率超过90%，授课学生2万多人次（相当于在校生的5倍），其他公共学习空间使用次数达到1 500多次，录制视频近100次，总计达到500 G。

二、凝聚力量显亮点，推进网络课程建设

在"互联网+"时代背景和新冠疫情常态化背景下，为了满足学生的线上学习需求，学院全面推进混合式教学改革。2021年，网络教学平台的教学资源达3 572 G，运行校本课程972门，学院260余名教师自建网络课程。平台累计资源数91 365个，其中图片、文本、音频、视频的数量分别为44 379、13 465、8 216、18 635个。

同时，响应《职业教育提质培优行动计划（2020—2023年）》要求，积极形成服务全民终身学习的发展合力，选定学前教育特色专业的学前儿童心理学、钢琴基础两门课程作为首批继续教育优质网络课程进行升级打造。

两门课程通过反复实践和探索，积累了良好的课程经验，在高职全日制学生教学中的运用已较为成熟。尤其是随着新冠疫情期间线上授课的推进，两门课程的线上教学内容得到有效充实，授课教师对于课程重难点的把握也比较清晰。

课程师资力量均较为雄厚，不仅有教学经验丰富的理论课教师，还拥有实践经验丰富的兼职教师。他们一方面课程建设经验和教学经验丰富，对学生学习心理的把脉清楚到位；另一方面还兼顾课程学习的实用型和实践

性,不仅能帮助学生学有所得,还能教会他们"学有所用"。

学院立足学系专业优势,将学系专业力量和课程建设支持力量纳入进来,形成专门的继续教育网络课程建设师资队伍,明确工作职责,充分调动教师的参与积极性。主要围绕课程体系建设、课程大纲编写、课程资源充实、课程效果监控等方面进行升级打造。

学院后续将持续推进继续教育优质网络课程建设,重点从课程内容丰富与完善、学习反馈收集与整改等方面推进,力争建设更多专业度高、条理清晰、适配性强的继续教育网络课程。

三、服务社会有侧重,积极对接区域发展需求

(一)对接产业发展需求有作为

上海市发布"上海产业地图",着力建设五大中心。学院对接"上海产业地图"布局,进行专业布局优化,匹配人才链和产业链,丰富专业方向与内涵。酒店管理与数字化运营、计算机网络技术、软件技术(大数据应用管理)等专业对接"融合性数字产业",飞行器数字化制造技术(飞机制造技术方向)、机电一体化专业对接"战略性新兴产业",学前教育、婴幼儿托育服务与管理、旅游管理和外语类专业等对接"现代服务业",艺术设计、影视传媒制作、电子商务专业等对接静安区商贸服务、专业服务、大数据产业。服务直播电商产业发展,细化专业发展方向。电子商务专业细化直播电商专业方向,增设短视频营销与网络直播、社交电商平台与内容运营等课程,专业发展方向紧跟时代发展。聚焦上海文化产业,培养动漫运营复合人才。动漫产业及其衍生产业市场拥有巨大发展空间,应用日语专业贴近企业需求,增设动漫运营方向,瞄准"日语＋动漫运营类"复合型人才培养,为动漫产业发展提供更全面的人才。服务民生和国家战略,引领托幼人才一体化培养。主动对接"幼有善育"国家战略,设立婴幼儿托育服务与管理专业,多元化托

育人才培养无缝对接 0—6 岁学前教育专业人才培养，形成托幼人才培养一体化模式。

（二）对接终身学习需求有规模

1. 强化市民学习指导，开发建设课程资源

学院召开社区教育委员会工作会议，协调学院各部门开展社区教育工作。定期组织师生志愿者前往街（镇）社区学校、居委学习点指导老年居民开展学习。

牵头"乐学书画"联合教研室、社区教师，完成书画、茶艺传统文化课程资源建设及实施；完成上海市社区教育联合教研室"乐学书画"10 个书画微课与 4 个茶艺微课建设。其中"楷书"系列获得了全国社区教育优秀微课评选三等奖、上海市一等奖，"花卉"系列上海市三等奖。通过区"乐学静安"微信公众号推送课程资源，让社区居民足不出户开展学习，受到居民的一致好评。

组织编写《静安区社区健康行——健康知识随身学手册》，在 14 个街道（镇）发放 2 000 余册，同步开展指导学习。

2. 开办终身教育活动，服务终身学习需求

发挥学院场地、设备和师资资源优势，满足社区居民学习需求，提供适需、优质的学习服务。2021 年共开设中老年钢琴提高班 1 个、图像后期制作班 1 个、白领古琴班 2 个、茶艺班 1 个、累计受益 1 560 人次。

联合上海教育报刊总社所属《康复》杂志社，为全区 14 个街道（镇）开展社区健康行系列活动，组织了 11 场专家讲座、12 场科普巡展、14 场居委学习点海报专栏宣传，直接参与活动人数达 5 000 余人，累计服务居民过万人，学院该活动获市优秀组织奖。

配合区学促办做好区级终身学习活动服务。积极参与 2021 年静安区世界读书日活动、全民终身学习活动周开幕式、人文行走主题活动等，服务学习者超过 1 000 人。

2021 年，学院设计和组织转型 20 周年系列主题活动，提炼转型发展所铸就的"行健精神"，凝聚了共识，促进了发展。建设的行健展馆、档案馆，充分展示了学院形象和发展历史，深入挖掘校史文化内涵，反映学院办学成果及特色，展现学院开拓创业和立德树人工作与国家共命运、与时代共成长的办学历程。各项各类转型发展主题活动参与者侧重不同人群，帮助师生全面认识学院转型以来取得的成果，更好融入学院建设。

面向未来，学院不忘初心、牢记使命，为党育人、为国育才，努力实现新发展，奋力创造新辉煌，为服务技能型社会建设、服务学习型社会建设做出新的贡献。

扎根宝山，办好推进区域经济社会发展的终身教育

——2022年宝山区业余大学教育质量年度报告

2021年是"十四五"规划开局之年，是中国共产党成立100周年，学校成立40周年。2021年学校全面贯彻党的十九大和十九届二中、三中、四中、五中、六中全会精神，深入学习贯彻习近平总书记关于教育的重要论述和全国教育大会精神，坚持党对教育工作的全面领导，坚持以服务地区社会经济发展为中心，在宝山区教育工作党委、区教育局领导和上海市教委指导下，根据区域社会和宝山教育"十四五"发展规划，以及宝山职业教育高质量发展行动方案（2019—2022年），加强顶层设计，合理制定学校"十四五"发展规划，聚焦"一体两翼"，稳定高等学历教育规模，做精做强老年教育，切实提升职业技能培训层次，突出重点，破解难点，融合各办学板块资源，深化新时代学校转型发展改革，全面提升教育教学质量。

一、基本概况

上海市宝山区业余大学与上海开放大学宝山分校、上海行知学院、上海市宝山区老年大学多位一体，实行"多块牌子、一套班子"的管理模式，实行党总支领导下的校长负责制，是一所经上海市人民政府批准，由市教委主

管、宝山区教育局领导的区域内学生年龄跨度最大、在校学生数最多、学科类别涵盖最广、教育场所使用时间最长,承担成人教育、开放教育、特殊教育、女子教育、艺术教育等高等学历教育及社区教育、老年教育、各类培训等非学历教育等办学项目的综合性公办高校。

学校占地及建筑面积均逾3万平方米。学校设有党政办公室、教学系、教务处、学工部、终教办、师资办、教学资源信息中心、后保处等内设机构。截至2021年末,学校共有教职工80人。其中专业技术人员58人,占72.5%;教师身份49人,占专业技术人员的84.5%,中高级职称11人,占专业技术人员的18.96%;中级职称31人,中高级占比72.41%;管理人员19人,占23.75%;工勤人员3人,占3.75%。其中不乏全国开放大学系统青年骨干教师、区办高校系统优秀教师和宝山区教育系统学科领衔人、学科带头人、教学能手等骨干教师,他们具有强烈的事业心、责任心,丰富的高等教育经验,师德修养好、教学业务水平高。

由宝山区委宣传部、宝山区教育局直接领导的宝山区社区学校指导中心、宝山区远程教育网络中心(宝山乐学网)设在校内。作为上海市政府十大实事工程之一的高水平建设的上海老年大学宝山分校(宝山区老年大学)与学校合署办公。

二、主要工作

(一)党建工作扎实推进

一是扎实开展党史学习教育。学校党总支坚持以习近平新时代中国特色社会主义思想为指导,深入贯彻十九大和十九届二中、三中、四中、五中、六中全会精神,增强"四个意识",坚定"四个自信",做到"两个维护"。认真学习《论中国共产党历史》《毛泽东、邓小平、江泽民、胡锦涛关于中国共产党历史论述摘编》《习近平新时代中国特色社会主义思想学习问答》《中国共产党简史》等原著；深入学习习近平总书记在庆祝建党100周年大会和纪念辛亥革命110周年大会上的重要讲话、十九届六中全会精神并组织开展讨论学习活动，确保读原著、学原文、悟原理的具体落实。专题学习《中共中央关于党的百年奋斗重大成就和历史经验的决议》，并充分理解"两个确立"的决定性意义。2021年中心组集中学习28次、党员集中学习18次。

二是认真组织各项专题活动。组建"比学赶超当先锋，打造陶行知教育发展创新区"活动领导小组，制定"初心共坚守，学习大讨论""使命共担当，工作大调研""动能共激发，干部大培训""专业共提质，能力大比武""品质共创优，岗位大建功"五大行动方案，并结合学校实际工作加以具体落实。深入调研各教学系、行政部门一线教职工及老年教育学员的需要，落实落细"我为群众办实事"工作。

三是严格落实支部规范建设。从加强组织建设等基础工作抓起，规范化做好支部建设工作。严肃"三会一课"等党内政治生活，党总支书记金新宇作了题为"共产党人的精神谱系"党课宣讲。督促做好党组织信息维护、党费收缴、党员到社区报到及党员退休组织关系转社区等各项工作的有序推进。部署开展形式多样的主题党日活动，以主题党课、理论学习和实地考察等方式确保理论和实践的结合成效，开展"浴血百年路，启航新征程""重走长征路"实战沙盘，"大清扫、大清理、大清整""创全在行动"，以及"恰是风华 奋斗当时——庆祝中国共产党成立100周年"系列主题活动，组织党员参访国歌纪念馆和中共一大纪念馆、中国宝武钢铁会博中心（金色炉台）、上海长江软件园等地，观摩红色现代京剧《智取威虎山》等活动。组织全体会员赴上海交响乐团音乐厅、云峰剧院、行知实验学校观看《黄河》交响乐和话剧《商鞅》《陶行知爱满天下路》等演出。

四是有效推进干部队伍管理。继续抓好干部队伍日常管理，结合"三定"工作和内设机构改革要求，着力部署中层干部队伍充实和调整工作。召开年度精神文明大会、思政工作会议和辅导员工作会议，举办课程思政论文征文活动，组织学习《新时代高校教师职业行为十项准则》和《习近平总书记教师节重要寄语》精神,积极开展学陶师陶活动和第 37 个教师节表彰庆祝及教师宣誓活动,抓好师德师风建设。助推教师职业生涯发展,经管系一名副教授晋升为正高级职称。本年度引进两名教职工,教师队伍规模日趋稳定,职称、年龄结构得到优化。开展学校"三定"工作和内设机构改革,规范、公开落实教务处等部门的中层干部选拔工作,启动学校干部聘任制改革。

五是注重意识形态责任工作。结合学校实际,分析研判意识形态领域情况并把意识形态工作贯穿于党建及业务工作开展全过程。及时传达宝山区教育系统落实全面从严治党主体责任工作会议有关意识形态的工作要求,深入排查意识形态风险点,严格学校微信公众号信息发布审核机制。对照"四责协同"有关要求,认真梳理党风廉政建设责任风险清单,深入查找出在"干部选拔、师资招聘、资金使用"等工作领域中的风险点,班子成员强化日常监督,做好廉政防控,杜绝和防范风险,2021 年研究党风廉政建设和反腐败工作 6 次,组织开展廉政教育宣传 4 次,廉政谈心谈话 12 次。2021 年未发生过重大意识形态问题。

(二)教学工作有序开展

一是高等学历教育稳中求进。2021 年度开放教育、成人教育以"线上教学形式为主,面授教学形式为辅",圆满完成各项教学任务。累计完成高等学历教育实际课时数 9 542 节,各教学系组织完成毕业论文指导工作,本科201 篇、专科 196 篇,开展本科社会实践指导 221 人次、专科社会实践 72 人次。迎接上海开放大学教育教学检查获得好评。完成 2021 年上海市宝山区业余大学教育质量年报、高校高等学历继续教育学习站点主报告。受疫情影响,本学年学校授课方式依然以线上为主,但鉴于学生的需求和课程教学的特点,部分课程实操性较强,以线下线上结合方式开展教学。面授教师根据课程一体化教学方案,充分利用教育教学资源进行面授教学,并引导学生使用总校提供的资源进行学习,收到了良好的效果。其他课程采用网上教学,网上教学按课表时间进行,在线教学的模式以直播、分段直播、互动方式进行，教师在教学计划中说明各个单元的教学方式。所有老师均保质保量地完成了教学任务。学校扎实推进开放教育教学改革，坚持问题导向、目标导向、效果导向，关注社会需求和学习者需求，因需施教，培养学生职业核心能力与核心素养，培养学生的学习能力、独立思考能力和解决问题的能力。

二是老年教育蓬勃开展。积极探索线上线下融合教学模式，春季学期线上学员学习逾 2 000 人次，秋季学期共招收面授学员 1 952 人次。瓷绘工艺课程参加"全国老年大学百门精品课程评选工作"。所有老年教育课程的教学大纲全部修订完成，并编印成册。支持老年人五星学习团队——"瓷绘工艺坊"建设，工艺坊申报上海市老年学习团队工作室。先后举办了"百年华诞，百年辉煌"庆祝中国共产党成立 100 周年宝山区老年大学（校区）学员书法、国画展，宝山区老年教育青花瓷优秀作品展示及慈善箴言书法展等活动。继续为区老年大学艺术团开展训练、演出等活动提供后勤保障服务。

三是社区教育提质增效。① 品牌项目创新赋能。开展"建党百年学党史，比学赶超勇争先"100 讲主题党课学习活动，开展老年心理健康、家庭教育指导等线上课程推送。加强"乐学教苑"联合教研室工作，启动扎染等四门特色课程资源建设工作。编写《烘焙》《老年人常见疾病》等四种读本。继续推出"乐学宝山"直播大课堂活动，共推出 67 门 781 节课程。组织开展"我眼中的宝山风华"团队领队线上培训活动。组织市民体验学习嘉年华活动，打造宝山人文行走红色线路。② 重点项目提质创优。举办全民终身学习活动周开幕式。首届家庭教育"活动周"启动。③ 常规项目达标增效。完成非学历教育学分银行课程申报，春季学员上报达 4 879 人次，学历教育总开户数达 8 390 人。

（三）防疫工作毫不放松

根据上级单位要求，学校在常态化背景下继续开展防疫抗疫工作，严格落实各项防疫要求，配备防疫各项物资，加强门岗核验进校随申码、行程码等工作。制定"一校一方案"开学方案，组织或安排重点岗位的非编人员每月进行核酸检测,动员全体教职工进行疫苗接种,在教职员工配合下,顺利完成了全员"应种尽种"的目标任务,筑牢"全民防疫屏障"。

2021年,学校获得上海市文明单位、上海市优秀成人继续教育院校、上海服务学习型社会建设工作先进集体、上海学分银行工作先进集体、上海社区教育优秀志愿服务工作站、第十届上海社区网上读书活动优秀组织单位、宝山区党支部建设示范点、教育系统综改综合评价先进单位、宝山区教育系统先进基层党组织等荣誉称号。

三、存在问题

（1）成人高等教育生源数量不足,招生规模有待我们进一步扩展,拟在合作办学方向上作探索。

（2）教师职业生涯发展尤其是专业发展有待进一步推进,各办学板块融合有待体制突破和机制创新,内设机构、处室职能有待调整。

（3）新冠疫情背景下的教育教学管理工作手段有待进一步创新,有待探索出一条有"过程"和"结果"双保障的"远程＋面授"创新之路。

四、努力方向

（1）要科学筹谋好学校发展和定位,招生工作需要精准化对口区域需求,学历教育开设专业须紧贴地区社会经济发展需求,职业技能培训方面力争技师学院等项目有实质性推动,顺势推进"三教融通",使学校学历教育和非学历教育均衡优质发展。

（2）要进一步打通教师专业发展晋升通道,盘活存量师资、引进新鲜血液,使开放教育师资队伍在质和量上齐头并进。

（3）要进一步锻造校园文化内涵,以内设机构改革和中层干部队伍调整为契机,切实提升各类教育教学资源整合效应及办学社会效益。

乘风破浪,踏实前进

——2022 年杨浦区业余大学教育质量年度报告

2021 年是"十四五"开局之年,杨浦区业余大学坚持以习近平新时代中国特色社会主义思想为指导,全面贯彻落实党的十九届四中、五中、六中全会精神,贯彻落实全国教育大会和市、区教育工作会议精神,认真落实基层党建工作、意识形态工作和党风廉政建设三大主体责任,切实加强政治建设、组织建设、队伍建设、作风建设、廉政建设,强化党员干部思想武装,提升工作精气神,激励新担当新作为。坚持落实立德树人根本任务,注重突出办学质量提升和教育实践特色,进一步完善"三教融通"终身教育体系,着力解决突出问题,深化教育教学改革,打造服务于区域百姓终身学习的十大基地,引领学校积极转型发展,在"十三五"所取得的成绩基础上,乘风破浪,踏实前进,开启学校创新发展新篇章。在 2021 年上海开放大学系统评优中,在 12 个集体项目中全部获得优秀,实现"大满贯"。

一、制定"十四五"发展规划,指引新征程

在全面回顾"十三五"期间所取得的成绩、存在的不足及问题,深入分析面临的机遇与挑战的基础上,立足于服务学习型城市和区域终身教育体系建设,学校制定了"十四五"规划,其指导思想、发展理念、发展战略与目标归

纳如下：

(一)"十四五"规划的指导思想

以习近平新时代中国特色社会主义思想为指导，全面加强党的领导，坚持社会主义办学方向，坚守为党育人、为国育才、培养担当民族复兴大任时代建设者的初心，认真落实立德树人的根本任务。聚焦《教育2030行动框架》提出的"确保包容、公平的优质教育，促进全民享有终身学习机会"的总体目标，为杨浦区建设国家创新型城区、国家双创示范基地和学习型社会做出重要贡献。

(二)"十四五"规划的发展理念

以立德树人为根本、以提高办学质量为核心、以内涵发展为主题、以开放发展为抓手、以创新发展为动力，立足区域、创新驱动、知识引领、智慧发展，全面提升学校的办学能力和社会服务能力，努力培养适应区域发展的高素质应用型人才，不断满足杨浦区市民终身学习的需求，为杨浦区新一轮创新驱动发展和市民终身发展、为到2025年杨浦区实现教育现代化、建成学习型城区做出应有的贡献。

(三)"十四五"规划的发展战略与目标

学校总体战略目标是建成基于"四教融通"的集学历教育、非学历教育、社区教育和老年教育为一体、具有鲜明杨浦区特色的区域终身教育一站式服务平台、高等教育属性更加明显的区域成人高等学校。

学校继续坚持"三区联动、三城融合"的核心理念，完善和赋能服务百姓终身学习的十大基地，将学校建设成服务百姓终身学习的策源中心，凸显社区学院在社区教育三级网络中的龙头作用，发挥服务、指导和引领的功能。在服务内容上聚焦主题，在服务区域上聚焦区域内重要功能区，在服务对象上聚焦社区家庭和社区居民，在服务领域上聚焦百姓终身学习、百姓数字化学习支持服务、社区文化建设、健康中国、基层社会治理等方面,在服务形式上侧重线上、线下融合和一体化发展,扩大社区教育辐射力,为上海、杨浦区人民"五个人人"城市建设做出贡献。按照市教委要求,实施老年大学"倍增计划",建成一所新型老年大学,拓展区域老年人学习空间,打造老年人的智慧学习场所。

二、举行建党百年庆祝活动,强化政治思想建设

(一)认真开展党史学习教育

为深入学习贯彻习近平总书记在党史学习教育动员大会上的重要讲话精神,全面贯彻落实《中共中央关于在全党开展党史学习教育的通知》(中发〔2021〕6号)、《上海市党史学习教育实施方案》(沪委办发〔2021〕7号)、《杨浦区党史学习教育实施方案》,根据《杨浦区教育系统党史学习教育实施方案》各项部署安排,结合本校实际,认真、深入开展党史学习教育。组织党员收看党史学习教育党员直播课和上海"初心讲堂",深化对中国共产党成立的历史意义和深远影响的认识,收看的同时要求党员结合自身实际交流感想和体会。组织全体教工收看中共中央组织部、中央广播电视总台联合录制的三期《党课开讲啦》节目,领导干部带头谈学习体会,党员、积极分子和部分群众也交流了学习感想。

(二)组织党员和全校教职员工观看"庆祝中国共产党成立100周年大会"

学习习近平总书记"七一"重要讲话,召开党史学习教育专题组织生活会,要求每一位党员就习近平总书记"七一"重要讲话的学习体会进行交流,并且对照党章党规进行批评和自我批评。要求党员坚持真理、坚守使命、深入一线、深入群众,发挥好党员先锋模范作用,以理论上的积累促进政治上的清醒。

（三）全面强化政治思想建设

有序推进学校思想政治工作，健全学校思想政治工作体制；压实意识形态工作责任，形成意识形态阵地管理实施细则；提高思想政治宣传工作水平，及时在学校网站、微信公众号、订阅号上推送学校新闻，完善学校宣传和舆情信息工作机制，努力把学校宣传工作做深、做精、做专。

三、主动作为，推进重点项目落地

（一）支招"双减"，家庭教育增能赋值

持续推进"有道学堂"品牌项目，依托区域内三级网络，建立起"1＋12＋X"即"上海家长学校杨浦分校-街镇家长学校或家庭教育联络站-村居委家庭教育活动点"合作融合、互动对接的家庭教育网络，为家庭教育融入社区治理，实现学城融合提供了保障。2021 年，共举办 6 场公益讲座，采用线上线下同步直播，惠及 2 000 人次。该项目还被文汇报、东方教育时报报道。承担"上海家庭教育指导师"第四期培训班的组织工作，为区教育系统培养了一批能承担家庭教育基本职能的核心骨干和中坚力量。举办"培育好家庭、涵养好家教、弘扬好家风"2021 长三角"家庭教育"学术专题研讨会，与合肥社区大学、宁波开放大学等家庭教育工作者通过线上交流的形式，研讨科学家庭教育理论和实践，为长三角一体化建设协同发展提供服务。

（二）创新载体，社区治理彰显成效

组织社区开展"追寻百年伟迹，传承红色基因"2021 年杨浦区市民终身学习数字阅读活动，参与人次超 20 万人次，总积分为 329 544，征集视频音频作品 86 件，1 人获评优秀组织者，6 人获评先进个人，6 人获评长者之星，另有 10 件作品获评"百佳优秀作品"。宣传推广上海市首届"智慧父母成长"

读书大赛,学校荣获"优秀组织奖",选送的7篇文章中共有5篇获奖,其中二等奖1篇,三等奖和优秀奖各2篇。与区环保局、上海理工大学合作,举办"人与自然,和谐共生"六五环境日主题宣传活动,利用数字化VR、云平台等技术手段,让居民足不出户也能学习环保知识。组建智慧助老服务团队,在殷行、五角场等街道的社区学习点开展"智慧生活手拉手——智能手机一对一学习支持服务"志愿服务项目,获市级立项。2021年新注册的社区教育志愿者达774名。

（三）合作共建,对外交流发挥效能

建设上海师范大学成人教育学硕士学位点实践基地,为人才成长提供社区教育实践支持;完成"川沪渝区域终身学习共同体2021年线上交流学习活动";与重庆渝中区社区学院开展"中华优秀传统文化"课程资源建设研讨会。

四、拓宽渠道,确保发展源头活水

（一）拓展模式,招生规模保持稳定

学校开启校企合作新模式,与紫苏集团合作开展人才培养,联合制定人才培养方案,共建订单式课程,打造通用模块与订单模块相结合的课程体系,共招生32名工商管理专业本、专科学生。在继续与长海、市东医院合作的同时,与新华医院建立招生合作关系,首战告捷,共招生19名护理学专业本科学生。

2021年,业余大学招生计划数为272名,共有320名学生报考;开放大学全年招生计划数为450名,实际招生488人,在区办高校系统中名列第二;海事招收新生156人。截至2021年底,学校现有学生:业余大学606人,开放大学1397人,海事396人,总计2399人。

（二）贴合需求，培训项目推陈出新

联手区残联和上海开放大学残疾人教育学院，全方位服务残疾人学员，满足不同层次残疾人学员的学习需要。依据学历教育人才培养目标，定制教学方案，落实文字教材、音像教材和网上课堂教案等各类教育教学资源；依据非学历教育的人才培养目标，开设无人机航拍、智慧钢琴等5门课程，约1 400人次参加学习，学员满意率达100％。举办第十届残疾人职业技能竞赛，80余名残疾人参加了计算机操作员、摄影师等7个技能项目的竞技，为市级乃至全国竞赛储备人才。2021年11月，以视频连线的方式与第三届"联合国教科文组织成员国'终身学习视角下的教育体系开发'能力建设研修班"学员进行网上直播互动，现场展示"智慧钢琴"和"木刻版画"培训的课堂实况。

五、全力以赴，扎实推进内涵建设

（一）创新模式，教学改革稳步推进

全面启用新建成的11间智慧教室，实现线上线下同步混合式教学，在提高成人学生学习积极性和自主性的同时，也提高了教师在线教学设计、综合分析判断学情、灵活使用在线教学工具的能力。累计已有150余门课程采用线上线下混合模式，未来也将成为学校教学的重要模式。全体教师参与智慧互动教学示范课堂征集活动，8个优秀案例被收录。

学校全年、全面、全方位参与上海开放大学直播课堂教学实践，4名教师直接参与法学基础知识、企业战略管理等多门课程的直播教学团队。参与"基于一致性建构原则，设计整合的课程"专题课程一体化教师培训，推荐3名教师参与案例交流和展示。全面参与"协同教学"改革试点，护理学、社会工作本科和社区管理与服务专科所有课程采用"协同教学"。

尝试构建以"双元招生-双元培养-双元管理-双元师资"为内涵的"双元

制"人才培养模式，为企业定制美容美体技术等 4 门共 12 学分的教学菜单或课程模块。

（二）加强监控，教学质量全面提升

设立教学督导组，注重日常教学巡视与检查，认真组织实施形成性考核，规范过程管理，辅导教师通过及时评阅形成性作业，帮助学生全面掌握课程核心教学内容，及时发现薄弱环节和疑难之处，并针对不同的学生提出不同的目标和指导，努力提高学生的分析问题与解决问题的能力。

认真组织实施毕业论文工作，把毕业论文和社会实践的管理纳入教学管理平台。实现实践环节成绩全部通过平台提交，教师与学生在"论文指导平台"上多次交流，注重过程化分阶段指导，严把论文质量关。

（三）项目推进，队伍建设注重实效

落实"名课程建设"项目，完成 18 门优质课程的微课录制工作，其中4 门课程参与 2021 年度上海女性教育微视频评选，"厨房里的葵'化'宝典"等 3 门获得十佳微视频，另有 2 门分获精品和优秀微视频。4 名教师参加第五届上海社区教育教学评比，学院获优秀组织奖，1 人获二等奖，3 人获优秀奖。7 名教师参加首届上海开大非学历教学竞赛，学校获优秀组织奖，2 人分获二等奖和优胜奖；参加第四届上海开大青年教师教学竞赛暨第五届上海高校青年教师教学竞赛，4 名教师参与，2 人获奖。举办 2021 年教师教育教学能力展示活动，全体教师参与系（部）内部选拔，8 名教师分获等第奖。

申报 2022 年度高校思想政治工作精品项目"实践育人"；开展"课程思政"征集活动，共收到 30 余篇论文；组织参加上海市社区教育教师队伍建设论文征集活动，提交 12 篇论文，其中 10 篇获奖，学校获优秀组织奖；制定《求索》论文写作标准，3 位教师的论文通过审核；积极开展社区教育科研，开题项目 8 项，中期论证 8 项，结题项目 6 项，学院有 2 项获市级优秀项目。

2021 年申报学分银行课程共 49 门，新开户数 436 人。

六、整合资源,育人功能充分发挥

(一)传承特色,学员活动丰富多彩

以"不负青春,启航新程"为主题上好开学第一课;开设"学习习近平总书记'七一'重要讲话精神""扬帆启航新征程,同心共筑学习梦"等"四史"教育线上讲座;举办2021年青年马克思主义者培养工程暨业余党校学习班,选拔、组织近30名学生参与;开展"追寻百年伟迹,传承红色基因"读书沙龙和阅读分享会;制作"白衣为甲,丹心为矛——护理学专业优秀学生风采展示"宣传片;参加上海大学生国际人道问题辩论赛以及"尚法杯"大学生法制辩论赛,1名学员荣获两场"最佳辩手"称号;组织参加"我运动,我健康,我快乐"2021年首届"开大杯"学生运动会,射箭等项目获单项优胜奖;举办"建党百年·歌唱中华"校园十大歌手比赛等展现大学生风采的系列主题活动。

(二)创新实践,育人成果丰硕喜人

培养学生创新力、优化创新人才培养模式。首次参加第七届中国国际"互联网+"大学生创新创业大赛暨第二届上海开大学生创新创业大赛,1个项目获市赛银奖、校赛一等奖,1个项目获市赛铜奖、校赛三等奖。6名学生参加上海开大第五届家政技能大赛,荣获2个一等奖、4个二等奖、7个三等奖,充分展现学生的专业技能水平。由学生拍摄的《跟着党史游杨浦》荣获国开2021春思政理论课社会实践活动微视频特等奖、上海开放大学一等奖。

七、完善机制,推进改革项目落实

(一)顶层设计,规范办学制度完整

编制学校"十四五"发展规划,明确学校未来五年的总体目标、发展指

标、主要任务和重点项目,完善多元开放的终身教育办学体系建设。完成学校内设机构的调整,设立"1办5部",即党政办、学历教育部、非学历教育部、社区教育部、事业发展部和综合保障部。修订并完善学校各项规章制度,编印《2018—2021年制度汇编》,共收录新增、修订制度22个。启动国家开放大学办学评估工作,本着"以评保改,以评促建,以评促发展"的原则,对照指标体系,逐一推进落实。

(二)加大投入,智慧校园初步呈现

完成世界路校区一号楼11间智慧教室建设工作,计算机中心机房核心网络设备及教学楼、行政楼的网络设备升级更新工作,保证教学工作的网络速度达到千兆标准。做到在智慧教室上课的教师每节课都能随时随地下载备份,线上线下同步教学。

杨浦区业余大学正站在"十四五"的起点上。全校教职员工将紧密团结起来,在上级党委和政府的正确领导下,为全面完成"十四五"建设目标,同心同德,团结奋斗,共同迎接学校更加美好的明天。

新起点、新征程

——2022 年上海南湖职业技术学院继续教育部
教育质量年度报告

上海南湖职业技术学院于 2021 年 4 月 9 日正式揭牌，是在国家大力发展职业教育、上海进行教育综合改革背景下诞生的。学院围绕上海"五型经济"（创新型经济、服务型经济、总部型经济、开放型经济、流量型经济）定位新格局，服务上海城市数字化转型新局面，服务长三角一体化国家新战略，打造高质量、有特色的职业教育。学院是虹口区人民政府主办，"以区为主、市区共建、多方参与治理"的区属新型公办高职学院，创新实施面向高中阶段毕业生的三年制学历教育和面向初中阶段毕业生的五年一贯制学历教育。

学院设有数字创意、智能汽车服务、健康护理和智慧商旅四个系部，专业群与喜马拉雅、上汽集团、仁济医院、东湖集团等龙头企业深度产教融合，为社会培养德智体美劳全面发展的高素质技术技能人才。同时，学院继续教育部立足地区、服务上海，开展以非全日制教育为主要形式的成人高等学历教育及各种层次的非学历教育与培训。

学院同时承担了上海虹口区开放大学职能，探索高等教育、职业教育与继续教育融合发展，服务全民终身学习，为地区构建终身教育体系和建设学习型城区服务，为促进地区经济、社会发展服务。

一、提高政治站位，推进课程思政建设

学院以习近平新时代中国特色社会主义思想为指导，深入学习贯彻落实党的十九大和十九届历次全会精神，学习贯彻习近平总书记"七一"重要讲话精神，认真贯彻习近平总书记对职业教育工作作出的重要指示精神，落实全国高校思想政治工作会议精神和全国教育大会精神，加强教师的师德教育和学生的思政工作，坚持把"课程育人"贯穿到成人学历教育的育人体系中，鼓励教师充分用好课堂教学主渠道，努力发掘课程本身所蕴含的思想政治教育元素，发挥思想政治教育作用，落实立德树人根本任务。

（一）注重培训，激发教师课程思政意识

学院一直以来高度重视课程思政建设，推进学院课程思政建设全覆盖工作。学院利用暑假，安排了为期5天的教师整体素养提升培训。学习国务院、教育部重要会议和文件精神，学习有关高校师德师风建设、高水平专业建设、高职院校分类评价、课程思政融入教学设计与实施、职业教育教学设计、高职院校教师科研能力要求与提升等方面的内容。这一培训使专业教师如何充分发挥课堂教学的育人主渠道作用，如何挖掘梳理课程思政元素，如何打造一门有高度和温度的专业课提高了认识、明确了途径。

（二）积极参赛，促进教师育人能力提升

在上海开放大学首届经管类和外语类专业课程思政教学设计选拔赛中，经过专家的层层评审，刘静静老师的西方经济学课程思政案例教学的设计与运用脱颖而出荣获一等奖，并被推荐参加国家开放大学课程思政教学设计比赛荣获二等奖。另外，王彩虹老师的管理案例分析和刘海童老师的管理英语3——Unit 5 Food Safety课程思政案例教学的设计与运用荣获三等奖。

二、开拓民生专业，服务区域经济发展

（一）依托政府及学校资源，打造品牌专业

学院为应对虹口区日益严峻的老龄化问题，以专业建设为基础，聚焦市政府"一老一小"民生服务领域人才需求，充分发挥技术技能人才培养高地、技术技能创新服务平台的作用，依托虹口区民政局，积极开展老年服务与管理专业招生工作。截至 2021 年秋季共招收五届合计 128 名在养老院或养老机构从事相关工作的养老护理人员和管理人员，已为各养老院或养老机构培养了两届共 27 名毕业生。

为打造开放教育系统内的品牌专业，继续教育部充分发挥学院健康护理系部的优秀师资力量和良好的实训条件的作用，利用学校和养老机构"校企联动"平台，建立校外实训基地，转变教学方式，实现教学与工作岗位的"无缝"对接，提升学生的社会服务能力，从而培养学生具备从事养老行业的职业能力和创新能力。

（二）聚焦养老服务，学生团队成绩斐然

老年服务与管理专业团队 2021 年参加上海开放大学第二届大学生创新创业大赛，获得了较好的成绩。《高级养老管家训练营》和《后疫情时代的精神慰藉—名人助老红色康养游》两个项目分别获得了三等奖和鼓励奖，并代表上海开放大学参加第七届中国国际"互联网＋"大学生创新创业大赛上海赛区（职教赛道）比赛，经过初赛复赛，最终荣获了银奖和优胜奖。在上海开放大学第五届家政技能大赛中，老年服务与管理专业学生获得"老年护理项目"二等奖和"家庭应急项目"三等奖。

老年服务与管理专业学生团队还参加了上海开放大学 2021 年度特色学生活动项目的申报，在指导教师的带领下圆满完成了"枫林晚晴"智慧养

老教育公益社的活动。项目从老人生活中的养老误区出发,专注基于老年人养老需求的养老方式研究。从养老的规划设计、养老方式的选择、养老日常生活习惯与抗衰和护理、器官废用与锻炼方式、老年身心健康与适老化设计等多方面深入展开,探索研究养老教育的课程设置,推出学习辅导师、课程导师、养老服务咨询师和心理健康咨询师,"四师一体"的教育支持服务模式,推动老年教育融入养老服务体系。

三、采取多种形式,助力教师转型发展

为使教师更好地融入职业教育,学院多措并举,引领教师充分认识国家职业教育发展的新形势,深化职业教育"三教"改革,更快地提升教学能力和职业素养,推进职业教育提质培优。

(一)思想引领,教育为先

在学校转型发展的特殊时期,为了提高教师对新任务的认识,学院邀请浦东开放大学原校长吴锦帆,围绕"教师自我提升与专业发展"的主题,与继续教育部的教师进行了推心置腹的交流,从教师们面临的转型发展问题出发,详细介绍了浦东开放大学在鼓励教师专业提升、一专多能等方面的经验,勉励教师们不放弃自我成长、多关注团队发展、将个体发展和集体利益有机结合,实现共同成长。

(二)开展学习,推动发展

继续教育部开展形式多样的师资进修活动,通过展示汇报、案例分享、现身说法、大咖支招等多种形式,揭示了继续教育教师职业发展中可能碰到或者正在经历的问题,探索前进的路线。内容包括"职教讲坛——讲专业、讲教学、讲科研"、"思想政治与师德师风"、教学设备使用的信息化技术培训、上海开放大学高质量转型发展学术报告、"名师开讲"讲座等。

学院还邀请《开放教育研究》期刊编辑、副研究员魏志慧,从一个编辑的角度,以自身学术能力提升的经验出发,围绕实证研究论文的构成、论文评价的标准、论文被拒的原因等角度进行讲解,提高教师开展实证研究的能力。

（三）专注实践,参与实践

学院鼓励教师积极参与大学生创新创业大赛。除了邀请学院大学生创新创业大赛银奖获奖团队围绕"高级养老管家一体化服务管理平台"主题进行了获奖项目的展示汇报之外,还邀请学院产教融合促进中心沈红雷教授通过多个案例,结合目前最前沿的研究方向和专利技术,针对参与开放大学创新创业比赛的项目提出了建设性意见。

四、激发教学潜能,提升教育教学能力

（一）深化改革,推进一体化教学

为落实深化学校课程一体化改革,进一步提升教师教育教学能力,学院积极参与上海开放大学课程一体化教学实施案例交流与展示活动。继续教育部共收到 15 个课程一体化教学设计方案,并组织教学团队从教学设计、教学应用和学习体验等多维度进行评议,围绕教案是否符合学习者特点、课程资源设置、教学活动开展、教学支持力度、教学信息技术运用、课程思政融入、学生能力培养、学生的课堂参与率和课程评价等方面展开评价,最终选择刘静静老师的西方经济学和施丽萍老师的办公自动化两门课程参与上海开放大学课程一体化展示活动。刘静静老师在充分调研学习者学习需求、分析其特点的基础上制定课程一体化教学实施方案。课程的教学设计以学生为中心,以问题为导向,制定了"课前自学、课中精学、课后延学"的教学策略,符合学生认知规律,课程知识体系完整,自建资源丰富,思政教育有机融合,充分利用二维码元素等现代信息技术手段开展教学活动,线上和线下教

学进行有效结合。最终该门课程作为上海开放大学经济管理类的优秀课程案例之一,在平台上进行了公开展示。

同时,继续教育部以虹口区教育系统教师学历提升计划为契机,优化政校合作共建模式,以计算机应用基础课程为例,开展课程一体化教学改革的研究,根据学生特点,提供"线上+线下"多种教学形式相结合、面向特定人群的高水平开放教育服务。

（二）以赛代练,促进青年教师快速成长

为进一步提升青年教师教学能力和业务水平,展现青年教师教学风采,学院鼓励青年教师参与各项教学能力比赛,在上海开放大学第四届青年教师教学竞赛中,学院选派两位青年教师参赛,其中张文娇老师获得三等奖。

（三）精心设计,积极融入全日制课程教学

学院为推动学生素养全面发展,激发学生学习兴趣,提升学生自主学习积极性,在全日制2021级学生中,开设以学生的综合素质提升和知识面拓展为导向,同时兼顾学生的兴趣和职业发展定位的选修课。为了更好的适应全日制高职的教育教学方法,继续教育部的教师慧心巧思,精心设计,开设了翰墨菁华、心理学与生活、美食嗨皮、职场洋话坊、先秦诸子与现代社会、打开人工智能的金钥匙——Python语言共6门选修课,涵盖了艺术、人文、历史、科学等多方面的知识,选修人数近130人,拓展了学生的知识领域,提高学生的科学精神和人文素养,形成良好的审美情趣。

五、坚持立德树人,开展学生思政活动

学院落实全国高校思想政治工作会议精神和全国教育大会精神,发挥思想政治教育作用,落实立德树人根本任务,积极开展学生思政工作。

（一）主题教育活动丰富多彩

根据《关于上海开放大学开展庆祝建党 100 周年学生主题教育系列活动的通知》开展各项活动。其中爱国主义诗词诵读评选活动中获得团体三等奖，爱党爱国歌曲大联唱中获个人三等奖；优秀学生党员征集活动中推选出两名优秀学生党员；收看名师讲"四史"系列网络公开课；组织 5 名学生参加首届"开大杯"学生运动会；组织"节日里的党史教育线上学习"并获得组织奖等。

同时还积极参与国家开放大学组织的各项主题教育活动。组织全体学生收看了 2021 年 4 月 29 日开播的以"讲党史故事，做奋进青年"国家开放大学办学体系党史学习教育青年大联学活动，组织参加国家开放大学 2021 年春"思想政治理论课社会实践活动微视频"征集活动，选送《不忘初心，不断奋斗才能创造幸福人生》和《我班的"60 后"党员》两个实践活动参与征集，其中《不忘初心，不断奋斗才能创造幸福人生》荣获校级优秀脚本三等奖。

（二）创新创业大赛氛围浓厚

学院积极组织学生参加第二届上海开放大学学生创新创业大赛，学校共推选 8 个团队的项目参与比赛，项目分别为《后疫情时代的精神慰藉——名人助老红色康养游》《高级养老管家训练营》《基于 AIoT 的养老机构后勤保障运营管理云平台》《关于幸福上海指数的数据库》《海南孝颐养老服务有限责任公司的商业计划书》《综合健康调理（整脊、拍打、足疗、艾灸、罐、养生功法等）》《"拐角"奶茶店》《幸福协助（感恩拜访）》。

其中《高级养老管家训练营》项目是将专业招募、综合实训、集合考证、平台管理，以"做养老服务者的管理服务"为理念，融合 B2C、C2C、C2B 模式，打造养老护理人员服务平台、养老客户需求服务平台、养老服务监管平台。通过与涉老专业院校合作，为涉老相关专业学员提供进一步综合培训，达到高级养老管家的标准，服务于中高端养老市场。平台服务"9073"的养老格局,为院校、企业、学员提供线上教育咨询、培训计划设计,线下高级养老人才推荐、通过平台进行服务质量监督,客户评价。该项目在校赛中获得三等奖,并被推荐参加市级比赛,最终获得银奖。

2021年是"十四五"的开局之年,也是上海南湖职业技术学院起步之年,新起点赋予新使命,新征程呼唤新担当,学院将扎实有效工作,着眼"三个"聚焦,更好地服务于市民终身教育。

一是聚焦办好人民满意的教育,办好区级开放大学。学院将以更名为契机,实施学历教育创优提质、非学历培训开疆扩土,实现由学历补偿向知识补充、由文凭提升向技能提高、由重视线下向线上线下一体化发展,努力打造助力区域经济发展的终身教育主要平台、在线教育主要平台、灵活教育平台和对外合作平台等"四个平台"。

二是聚焦学习型城市建设,构建服务全民终身学习体系。学院将以服务全民终身学习为目标,纳入南湖职业技术学院师生工作、学习范畴,让职业教育走进企业、走进街道、走进社区,进一步发挥职业教育与继续教育协同效应,致力于打造"人人皆学、时时可学、处处能学"的学习型城市。

三是聚焦社会需求,调整学科专业布局。学院将根据市场变化快速调整专业结构,寻找新的办学增长点,扩大成人高等学历教育规模,根据学生特点和群众需求继续做好各项学习支持服务工作,成为服务全民终身学习的重要力量和加快建设学习型社会的有力支撑。

新理念、新生态、新发展
——2022年徐汇区业余大学教育质量年度报告

2021年是中国共产党百年华诞,是全面建设社会主义现代化国家新征程的开启之年。这一年,学校以新发展理念为引领,以数字化转型为抓手,通过教育内容和教学方式的创新、各类教育资源的整合与协调、教育资源建设路径的开放、教育资源供给服务的共享,营造了多元教育共建共享的新生态。2021年,学校立足百年大党新起点,接力百年奋斗新征程,以党建为引领,着力构建新时代有效服务市民终身发展的区域终身教育体系,不断提升教育服务城市发展的能级和水平。

一、紧扣党史学习教育,党建引领开新局

（一）以党史学习优异成绩喜迎建党百年华诞

学校坚持以习近平新时代中国特色社会主义思想为指引,全面贯彻落实党的教育方针,结合新时代终身教育发展的新要求制定有本校特色的党史学习活动方案,党总支引领与分支部推进双措并举扎实开展党史学习教育。依托党史学习教育活动,学校梳理领导班子成员分工,加强内控管理制度建设,深入开展"师德师风月"和"廉洁教育月"活动,各项活动成效显著,

激发了广大党员和教职工干事业的热情,学习成果切实转化为立德树人成效。在建党百年的历史性时刻,学校全体党员及教职员工在党总支的带领下,借助升国旗唱国歌、观看"庆祝中国共产党成立 100 周年大会"直播、重温入党誓词等活动庆祝中国共产党百年华诞,强化全体教职工的教育使命与担当意识。

（二）以实事项目为载体促党建服务落地生根

根据新时代党建工作总要求,学校将实事项目作为落实党建工作的抓手,以党建为引领、以服务为载体引领学校各项事业全面发展。通过整合服务资源、丰富服务内容以及提高服务质量,推进党建系列实事项目落地生根,形成党建促发展的新局面。通过开展"我与群众面对面""我为群众办实事"等重点项目,深入基层了解群众"急难愁盼"的困难;开展"我是党员志愿者"活动,为终身教育各类学习对象提供优质及时的学习服务;开展疫情之下的助困助学行动,针对我校听障学生特点制定有针对性的应对措施;加强与区域单位资源共享,为多家单位提供教育支持性服务;做好年内"满意在徐汇,服务在基层"组团走访工作,积极参与社区治理,为社区居民办实事。

（三）党史学习教育与思政育人互融,促进学生全面发展

学校坚持将党史学习教育贯穿立德树人全过程,充分挖掘党史学习教育的思政育人作用,并通过创新课程设计使党史学习教育与思政教育有机融合,通过党史学习教育大力传承红色基因,推进落实立德树人根本任务。从思政课程到课程思政,从教育教学主阵地到学以致用的职场实训实践,从教师、班主任到管理服务工作者,形成"三全育人"的工作局面。学校积极组织参加上海市区办高校课程思政教学研讨会,助推课程思政新发展,开拓课程思政新局面。通过组织学生积极参加国家开放大学 2021 春思想政治理论课社会实践微视频活动、上海开放大学"学党史、铭历史、庆百年、弘精神"百年党史知识竞赛、第七届中国国际"互联网＋"大学生创新创业大赛职教

赛道(上海赛区)暨上海高职高专大学生创新创业大赛、第三届中华经典诵写讲大赛(上海赛区)、上海开放大学第五届家政技能大赛等活动,增强了学生的思想自觉和行动自觉,提高了学生解决实际问题的能力,在理论与实践的结合中助推学生开拓进取、全面发展。

二、以新发展理念为指引,多元教育启新程

(一)高质量五年规划引领学校发展新局面

2021—2025年是学校全面贯彻党的十九大和历次全会精神,不断提升公共服务能级,实现终身教育各项事业高质量发展的重要时期。为进一步深化教育教学改革,不断提高办学质量,实现各教育领域的可持续发展,更好地为区域经济、社会、文化发展服务,学校制定了新的五年发展规划。规划要求,学校新阶段的发展要以"适应社会发展的变化,呼应各类人群的多元学习需求,促进人的全面发展"为办学理念,对标"卓越徐汇"建设目标要求,围绕区域经济、社会、文化发展需要,提升综合办学能级,坚持立德树人,以质量立校,以特色强校,成为地区实施终身教育和推进学习型社会建设的践行者和引领者。新规划为学校成人学历教育、社区(老年)教育、特殊教育等各项教育事业设定了今后五年的具体目标和主要任务,并从学校党建、制度建设、队伍建设、教育教学与科研能力建设、校园文化建设、智慧校园建设、对外合作交流和综合服务建设八个方面提出学校内涵建设的全局性新要求。

(二)学历教育:以特色专业建设引领高质量发展

以新发展格局为引领,学校对教学研究、教务管理与学生管理工作实行全过程管理,构建高质量发展支撑体系。以国家战略、社会需要为导向,主动对接区域发展需求,优化人才培养结构,开设行政管理专科(消防班)、城

市公共安全管理本科(消防班)、心理咨询专科(保育员班)、社会工作本科(民政班)等特色专业班级。此外,顺应教育现代化要求,深入探索混合式教学模式,以数字化教学资源建设拓展课程学习的广度与深度。2021 年,学校学历教育在籍学生数 2 795 人,学分银行开户 234 人,学分转换 78 人,存入课程 1 897 门次,课程转换 6 434 学分。全年共设置 112 个课程班级,529 门课程均采用融合教学方式,其中自建课程 112 门,资源总数 2 721 个,学生全年学习近 10 万人次。

(三)社区教育:以深化数字化转型打造学习新生态

以全面推进城市数字化转型为契机,学校依托数字化学习平台,充分整合区域内优质资源,打造数字学习新生态,培育终身教育新品牌。积极建设、运维"汇 e 学"徐汇终身教育云校,构建"1 总校＋14 云分校"在线教学体系。2021 年,总校新开发上线 32 门、388 节区级精品课程和 30 次精品讲座,分校开发学校特色直播课 113 门、1 020 节课程。借助上海老年教育信息管理服务平台推动"汇 e 学"云校入驻"随申办"徐汇区旗舰店,通过构建数字化学习服务支持体系,提升社区教育服务质量与能级,获评上海市 2021 年"终身学习品牌项目"。与此同时,学校继续推进社区教育系列教材、特色微课、学习手账等课程资源建设。

(四)老年教育:以培育特色课程提升老年教育内涵

在梳理现有课程体系及特色课程开发情况基础上,学校依托徐朗音乐工室培育声乐特色课程,促进老年教育内涵提升以及特色品牌建设,推动新时代老年教育高质量发展。以"光启 e 学堂"平台为载体,2021 年共打造 10 门声乐特色课程,参与在线学习人员达 1 000 人次,辐射覆盖面较广,充分发挥了特色课程的示范带动作用。学校不断完善老年教育服务支持体系,积极培育老年学习团队,目前已有 5 星级学习团队 1 个,3 星级学习团队 21 个,涉及信息技术、乐器、声乐、舞蹈、棋牌技艺、摄影摄像等众多领域;以数字化技术为支撑,积极探索线上线下融合式教学,构建适应老年人学习需求的课程体系,线上开设78门课程,学员达1万多人次;线下开设137个班级,学员近3 000人次。学校承办市老年教育信息中心,助力老年人跨越数字化"鸿沟",完成大数据采集、挖掘与利用;对接市政府"一网通办"项目,打造全市"长者专版——老年教育"报名板块,被教育部职成教司评为全国首批38个"'智慧助老'优质工作案例"之一,向全国推介。

（五）心理健康教育：医教结合,共促学生健康成长

学校结合徐汇区情实际,适应未成年人发展需求,积极探索心理健康教育体制机制创新,探索"一体两翼"的管理运行机制以及"医教结合,互联网＋"的心理健康教育体系,创造性地将街镇纳入工作架构,依托社区,构建学校、家庭、社区"三位一体"的综合支持网络。以医教结合、共建共享为导向,与徐汇区精神卫生中心签署《徐汇区儿童青少年心理健康促进工作共建协议》,由点及面推动医教结合共建工作;举办"汇心润心灵·护航慧成长"集中公益心理咨询活动,邀请心理教育专家、心理医生和心理治疗师提供医教结合专业服务;联络具备医生资质的心理专家每月定期参与面对面咨询服务,及时开展学生心理危机干预。

（六）特殊教育：强化课程与教学研究,深化融合教育探索实践

2021年,在稳定特殊高等教育办学规模的基础上,学校通过线上线下融合式教学完成8个听障教学班共60门、3 765课时的学历教育课程教学任务,8门、共380课时的学历补充课程也顺利开展。学校高度重视特教教学研讨活动,以教学研讨机制优化推动教学改革,提高教学质量。2021年全年开展15场教研活动,涵盖授课计划实施、青年教师随堂听评课、名师讲堂观摩学习、视觉传达专业教学实施、专业词汇手语研讨、设计展观展与交流、学期教学反思等专题。依据听障生特点与需求,重点推进视觉传达专业课程教学改革,完成5门影视模块课程的专家评审以及教材更新工作,对培养方

案中的社会实践、毕业设计/毕业论文课程进行了调整，打造符合学情以及行业需求的系列特色课程。学校积极承担社会责任，重点实施面向区域阳光之家的 5 个残疾人培训项目，以及"手作系列"体验课程，惠及包括视障、听障、肢残和轻中度智障的残障人士达 1 992 人次。

三、创新专业支持保障机制，促进教师队伍高质量发展

（一）创新师资培养思路策略，强化青年教师和人才后备梯队培养

以教师队伍建设以及专业成长为导向，学校通过创新活动载体创设支持性机制和环境，充分发挥骨干教师的示范作用，引领青年教师专业发展。根据上海市教委关于高校职务聘任管理以及青年教师助教工作的相关要求并结合学校实际，学校制定并实施《青年教师带教工作制度实施办法（试行）》，组建导师团队，着力从教学工作与班主任工作两个维度帮助青年教师尽快适应和熟悉成人高校教育教学工作，提高教学能力和育人水平。共有 12 位青年教师纳入带教计划。在此基础上，学校制定并完善《学历教育课程新任教师聘课实施办法（试行）》，侧重从教学过程和教学质量两个维度对青年教师的教学成效进行考核评价，加强课程教学管理，促进教学实施的规范化和科学化，并进一步检验带教制度实施成效。

为营造合作型教师文化，加强教师间横向知识共享和信息交流，学校党政班子整体谋划布局，学历教育部教研处、校人事部门牵头具体落实，各部门积极配合，共同发起青年教师专业发展沙龙活动，由不同专业的教师分享各自专业的热点议题，促进不同专业的融合发展，为青年教师搭建交流展示平台，2021 年全年共开展 8 次分享活动。学校创设搭建的多维发展平台拓宽了青年教师的专业视野，提升了青年教师的教学能力，促进了青年教师的专业发展，引导青年教师积极探索教学改革新思路。基于孵化培育机制建设的推进，在第四届上海开放大学青年教师教学竞赛中，学校青年教师获得

一等奖 1 名、二等奖 3 名、三等奖 2 名的历史最好成绩。

（二）以项目任务驱动，激发教师教育教学科研活力

学校在持续推进"青年教师科研能力提升计划"的基础上，以多层次、宽领域的课题申请及论文投稿作为抓手，以项目化运作方式激发教师的科研活力，将教师的科研热情转化为实际成果。学校网站教育科研模块新设《终身教育信息导读》栏目，从终身教育政策法规、职业教育政策导向、教师专业能力标准、学校科研成果展示、终身教育地方经验、国际动向等维度提供有关终身教育发展的新动态与新要求，引导教师从实际工作出发审视思考基于问题导向的终身教育研究方向。2021 年开展科研支持服务活动 10 次，内容涉及上海市教育科研项目、上海市终身教育研究会项目、徐汇区教育科研项目以及校内课题的申报培训、立项启动、开题论证、中期检查、结题评审等方面。

在科研项目推进方面，学校 5 项课题获 2021 年徐汇区教育科研项目立项并完成开题论证，4 项课题获 2021—2022 年度上海市终身教育研究会课题立项并完成开题论证，6 项第四届校内课题已经入结题评审阶段，2 项 2019 年徐汇区教育科研项目正在有序进行中。在论文发表及评选方面，多位教师在《教育与职业》《成人教育》《终身教育老年教育研究》《终身学习》《求索——上海市区办高校教师论文选编（第十九期）》上发表论文，并在上海市成人教育协会院校专委会优秀科研成果评选、徐汇区教育系统青年教师首届"汇萃杯"教育教学论文评选、社区教育教师队伍建设主题征文等论文征文评选活动中斩获奖项。

（三）以师生信息素养提升打造数字化校园

为保障多元教育融合式教学有序推进，学校强化信息化应用服务职能。在确保网络安全、改善学校信息化软硬件建设基础上，牵头制定、实施"师生信息素养提升计划"。启用学校"智慧学习平台"，建立师生信息素养提升培

训工作专区,采用线上线下融合教学方式,分类、循序开展面向全校教师的信息化应用能力提升培训、面向师生的信息素养和信息思维能力提升培训,内容涉及教师课程资源建设、专家学术讲坛、数字化转型"云沙龙"等方面。此外,为满足视频公开课、精品课程、远程教育的视频制作和重要会议、学术报告的录制需求,学校建成兼具录播和直播功能的专业录播教室,为本校教育教学、办公支持提供坚实保障。

四、深化教育改革创新,师生荣誉喜迎丰收

(一)学校奖项

获评 2019—2020 年度上海市文明单位;

荣获庆祝中国共产党成立 100 周年徐汇区教育系统教职工红歌合唱大赛三等奖;

荣获"学党史、铭历史、庆百年、弘精神"百年党史知识竞赛优秀组织奖;

荣获"传红色旗帜 颂今朝世界——庆祝建党 100 周年上海市聋人微视频大赛"优秀组织奖;

荣获 2021 年上海社区教育教学评比活动徐汇区初赛优秀组织奖;

荣获社区教育教师队伍建设主题征文优秀组织奖;

荣获"上海开放大学第四届青年教师教学竞赛"优秀组织奖;

荣获"上海开放大学第二届学生创新创业大赛"组织奖;

荣获"上海开放大学第七届学生创新研究项目"组织奖;

荣获上海开放大学"节日里的党史教育线上学习"活动优秀组织奖;

获评上海开放大学招生工作先进集体、教学管理工作先进集体、非学历培训工作先进集体、服务学习型社会建设工作先进集体、信息化与数字资源建设工作先进集体、学分银行工作先进集体;

实现 2020 年度无偿献血募集目标。

（二）教师奖项

杜俭获评上海市第四届成人高校"十佳院（校）长"；

杜俭获评 2020 年度上海开放大学"优秀校长／书记"；

张国庆荣获 2020 年度上海市育才奖；

卢憬获评 2020 年度上海开放大学"优秀教学管理工作者"；

韩雯获评 2020 年度上海开放大学"优秀服务学习型社会建设工作者"；

刘玉蓉获评 2020 年度上海开放大学"优秀教学管理工作者"；

徐英伟获评 2020 年度上海开放大学"优秀招生工作者"；

徐洁获评 2020 年度上海开放大学"优秀学生思政工作者"；

孙安获评 2020 年上海社区教育统计工作"优秀统计员"；

孙安获评上海市老年学校素质教育交流评选活动一等奖；

朱晓林荣获徐汇区教育系统优秀共产党员称号；

李玫荣获 2021 年徐汇区园丁奖；

邢波荣获 2021 年徐汇区园丁奖；

邢波在脱贫攻坚工作中做出重大贡献，记功；

赵华荣获上海开放大学第四届青年教师教学竞赛一等奖；

王萍、张金阁、袁媛荣获上海开放大学第四届青年教师教学竞赛二等奖；

潘樱、赵怡阳荣获上海开放大学第四届青年教师教学竞赛三等奖；

潘樱荣获上海开放大学英语教师课程思政设计大赛二等奖；

唐群、刘玉蓉获评上海开放大学第七届学生创新研究项目优秀指导教师；

姜斌、张国庆、徐怡舟、顾曰岚、钟海虹、卢憬、曹政、李颖清、徐振华在徐汇区教育系统党史学习教育中荣获"党史知识竞赛百名达人"称号；

顾珺毅、高灵、叶宇丽、王萍、李曼曼、刘琪、唐群、余逸平、徐洁等在第七届中国国际"互联网＋"大学生创新创业大赛暨上海开放大学第二届学生创新创业大赛中荣获多重奖项。

（三）学生奖项

业余大学周蓉蓉荣获"上海市成协 2021 年度优秀学员"光荣称号；

业余大学学生的《手语新影像》《手拉手培训》项目荣获上海开放大学第二届学生创新创业大赛二等奖，其中《手语新影像》项目另获"奋发自强奖"；

业余大学学生的微视频《追梦》荣获"传红色旗帜 颂今朝世界——庆祝建党 100 周年上海市聋人微视频大赛"优秀奖；

开放大学陈凯锴、张志禄、周密密荣获"学党史、铭历史、庆百年、弘精神"百年党史知识竞赛优秀个人奖；

开放大学陈宇获评上海开放大学第七届学生创新研究优秀项目；

开放大学吴斌荣获第三届中华经典诵写讲大赛（上海赛区）大学生组优秀奖；

开放大学吴泽、张盼归、马想、殷宗朝、孙海壬荣获国家开放大学思政课程短视频大赛特等奖；

开放大学盛忠明荣获"2021 上海工匠"光荣称号；

开放大学王馨荣获"2020 年度国家开放大学"奖学金；

开放大学刘忠、王馨、吴斌等在"上海开放大学庆建党百年学生主题教育系列活动评选"中获奖，其中一等奖 1 项、三等奖 4 项；

开放大学吴斌、宗蕊、徐斌荣获"2021 上海开放大学学生党员先锋"称号；

开放大学董晓莺被评为"2021 年度上海开放大学优秀毕业生"；

开放大学多名学生在"上海开放大学第五届家政技能大赛"中获奖，其中一等奖 1 名、二等奖 3 名、三等奖 4 名；

开放大学学生在创新创业活动中，5 个项目荣获第七届中国国际"互联网＋"大学生创新创业大赛职教赛道（上海赛区）暨上海高职高专大学生创新创业大赛奖项,其中 2 个项目获银奖,3 个项目获优胜奖;12 个项目在 2021 年第二届上海开放大学学生创新创业大赛中获奖;

学校徐朗艺术合唱团荣获 2021 年上海市民文化节、第五届"融义杯"合唱大赛比赛宣传片拍摄"人气亚军"奖。

优化发展显特色，谋篇布局再出发

——2022 年黄浦区业余大学教育质量年度报告

2021 年是中国共产党成立 100 周年，也是"十四五"规划开局之年。学校认真贯彻黄浦区教育党工委、教育局的决议和指示，积极落实学校的"十四五"发展规划，充分发挥领导班子整体合力，各职能部门互相配合、通力合作、各司其职，围绕学校中心工作，积极开展各类教育教学工作，加快推进学校学历教育、培训教育、社区教育、老年教育的高位、均衡、可持续发展。

一、深植核心价值观，彰显立德树人

学校坚持立德树人的办学方向，全面贯彻党的教育方针，高度重视思政课程的思想引领作用，自觉地把社会主义核心价值观贯穿教书育人的全过程。

（一）修订各专业人才培养方案，构建"三全育人"体系

2021 年 7 月，学校紧紧围绕立德树人根本任务，充分发挥育人优势，以理想信念教育为核心，以社会主义核心价值观为引领，根据专业特点重新修订了各专业人才培养方案，不仅做到开齐开足思政课程，确保学时学分和教学质量，而且在新的人才培养方案的实施过程中，全方位地梳理了各专业课

程的思政教育元素,完整地构建了课程思政体系,紧扣专业理论教学和实践教学案例,将习近平关于"中华优秀的传统文化"和"学党史,明使命"的思想理论有机融入教学内容当中。新的人才培养方案中开设了毛泽东思想和中国特色社会主义理论体系概论、思想道德与法治、中国近现代史纲要、马克思主义基本原理、形势与政策、中国共产党简史等多门公共必修和选择性必修课程,作为学生思想政治教育的主渠道。

通过这一思政体系的构架,学生在学习各专业课程的同时,也培育了学生家国情怀和责任担当,增强了教师立德树人、培养人才的责任感,构建了全员育人、全程育人、全方位育人的"三全育人"体系。

(二)以思政课程为引领,探索课程思政和思政课程融合发展

学校一方面通过思政课程的教学来传播马克思主义理论和党的创新理论,特别通过习近平新时代中国特色社会主义思想教育引导学生掌握科学理论知识,坚定理想信念,树立正确的世界观、人生观和价值观,养成优良的思想品德,进而推进"校风、教风、学风"三风建设。另一方面,要求各专业教师结合专业教学,充分发挥课堂教学育人主渠道、主阵地的作用,寻找专业课程所蕴含的思政教育元素,开展专业课程的思政化教学改革。教师们在教学设计时将思政元素融入教学过程中,把立德树人与教育教学工作紧密结合,将专业知识和思政教育相融合,将各类课程与思政理论课融合发展,同向同行,形成协同效应。

基础部任课教师在分析学生已有的知识储备和认知特点的基础上,立足"价值塑造、能力培养、知识传授"三位一体的总体教学目标,对照课程各章节的内容,从专业热点中选择适合学生的知识点作为课程思政的元素。按照"提出问题-分析问题-解决问题"的教学主线,采用"案例分析+小组讨论"的教学方法,在分享与讨论的过程中将思政元素有机地融入整个教学过程。最后通过总结升华,强化学生对专业知识的理解,将思政元素植入学生的价值理念之中,有效激发学生的情感共鸣,纠正学生对思政热点问题的理

解偏差与误解。在上海市区办高校 2021 年上半年教学工作会议暨课程思政教学研讨会上，基础部青年教师赵利代表学校做了交流发言，她的政治学课程教学设计展现了专业课程承载的思政教育功能，将思政教育融入教学各环节，实现了思政教育与知识体系的有机统一，这些方面的探索对广大教师提升课程思政教学意识、教学能力有很好的引领作用，也得到了与会专家、领导的一致肯定。

应用艺术系陈文彪老师在平面广告设计课程导学中，引入北京冬奥会的广告宣传实例，分析北京冬奥会视觉形象中传统文化设计元素的运用，大力弘扬中国奥运健儿勇夺金牌为国争光的拼搏精神，积极培养学生的家国情怀和奋斗精神，提升学生综合素质，激发学生的设计创新活力。朱文嵘老师在包装设计课程中，将地域传统文化元素巧妙植入主题性商业包装设计的学习与实践之中，注重地域传统文化的弘扬，体现了浓厚的爱国情怀。在 2019 级广告设计与制作专业的《毕业设计》教学方案中，应用艺术系结合"迎建党 100 周年庆祝活动"，将党史学习引入教学中，要求学生以"庆祝中国共产党成立 100 周年"主题海报创作作为毕业设计内容，通过毕业设计加深学员对党的认识与热爱。

二、倡导文化立校，探索创新教育

学校是培养人、发展人的场所，"文化立校"是提升学校办学质量、促进内涵发展的主题。有了积极向上的文化引领，对身在其中的人将会产生潜移默化的作用，进而形成强大的凝聚力，成为全校师生共同遵循的文化自觉。2021 年，学校在"文化方略"研究的基础上，开展了以《校园文化视野下成人高校的创新发展研究》为课题的研究，以项目引领实践，将校园文化内化于心、固化于外、物化于象、融化于制、实化于行。在这一项目引领下，学校以纵向的校园文化为主线，夯实创新教育根基，通过传承凝练的精神文化，实现以德树人；通过制定科学的制度文化，实现以教立身；通过营造良好的环境文化,实现以文化人。以横向的校园活动为抓手,探索创新教育路径:坚定文化自信,夯实党建工作;注重文化教育,加强思政建设;凝聚文化力量,丰富工会活动;创新文化载体,关注学生工作;聚焦文化要素,开展科学研究;传承文化传统,继续教学改革。通过相关举措,学校各方面工作取得阶段性成果。2021年,学校校史廊投入使用,这是一项具有难度和深度的文化工程,是一项开创性的工作,也是业大教育品质的提升工程,成为学校又一道亮丽的风景线。

学校重视以学生为主体的校园文化活动的开展,通过开学典礼、毕业典礼及各类表彰活动等仪式教育,强化学生归属感、责任感和使命感,积极发挥优秀学生的榜样作用,在班级形成互帮互助的学习氛围。加强班主任、辅导员队伍建设,为学生提供全方位助学服务:通过建立班级群、课程群等微信群,及时与学生进行信息沟通,解决学生遇到的困难;充分发挥学生干部的带头与引领作用,提醒督促学生按时完成各项作业、诚信考试等。2021年度,2020级会计班郭华萍同学荣获"2021年上海市成人高校优秀学员"称号,11位同学获校奖学金,1位同学获校"优秀学员"荣誉称号,4位同学荣获校"优秀学生干部"荣誉称号。

三、以科研促教学,强化反哺能力

加强教学科研不仅是推动教育改革与发展的需要,也是全面提高教育教学质量的必要条件。学校整合各种科研力量,形成学校核心项目引领下自主运行、自主发展、自我完善的科研新格局。2021年度,共有12名教师在各级期刊上发表了12篇论文。其中核心期刊2篇,国际期刊1篇,一般刊物3篇,《求索》6篇。艺术系、计算机系教师在核心刊物《新型建筑材料》《微型电脑应用》上发表的论文,均有较高的学术水平。

学校坚持理论与实际相结合的科研方向,积极引导教师由"苦干型"向"科研型"转变。以教科研引领教师专业成长,强调教师以课堂为主阵地,以有效教学为抓手，充分发挥教育科研的先导作用，探索教学改革路径，提高教学改革的成效。教师们开展《计算机实操类课程网上直播教学的实践研究》《实践导向、能力建设、创新思维——"成人高校"毕业设计混合辅导模式探究》《翻转课堂下成教管理类课程思政教改研究》等课题的研究，在教育理论的指导下开展教学改革，并从教学活动中发现问题、发现规律，进而应用规律再来指导教育教学实践，推动教学改革上了新台阶。在科研指导下的教学改革避免了盲从性、随意性，从而提高了教学改革的成效，实现科研反哺教学。

四、夯实师资队伍，提高供给质量

学校以推进中青年教师专业化发展为目标，立足于关心青年教师、培养青年教师的工作思路，持续开展中青年教师沙龙活动。活动力求切入理论，切近实际，鼓励引领教师从学术型向技能型、应用型、导师型等"双师型"转换。2021年6月，沙龙邀请了上海开放大学王宏副校长作题为《有品质的学习——新时代终身教育的发展》专题讲座，介绍了上海终身教育"十四五"规划，对学校的转型发展有极大的借鉴与引领作用。12月的"文化立校与教学研究暨2021年度黄浦区业余大学校本课题结题交流"邀请秦岭、王润清、鲍筱晔、李元元4名中青年教师就各自的教学实践、教学研究成果进行了交流。上海师范大学教育学院教师发展中心常务副主任、上海市民办高校教师专业发展中心常务副主任徐雄伟教授作为沙龙特邀专家对教师们的交流做了中肯的点评，提出了盐入于水、有机结合、扩大视野、注重学情、两性一度等教育教学理念，给予教师以启发。

学校创造机会，组织教师参加各类培训，促使教师提高专业知识和信息化教学技能。2021年度，学校共进行了16次各类师资培训活动。学校通过各级各类教研活动开展教学交流与教改研讨，加强青年教师的带教培养，鼓励教师撰写教研论文，参加教学竞赛，培养他们的教学能力和创新能力。在上海开放大学第四届青年教师教学竞赛中,学校 9 名青年教师参加了大赛思想政治理论课专项组、社会科学组、人文科学组、自然科学应用学科组共 4 个组别的比赛,最终赵利等 6 名教师分别荣获一、二、三等奖。

五、多教融合发展,完善终身教育

学校以"供给侧理念"为指导,以"扩大教育资源供给"为着力点,以"多教融合"即"成人高等学历教育、培训教育、社区教育、老年教育"相融合为路径,立足区域发展需要,探索跨界联动、资源整合、校企融合、校馆互动的工作机制,实现终身教育的泛在学习。

(一)勇担社会责任,服务区域经济发展

非学历培训主动把握社会发展脉络,自觉发挥服务社会功用,开展"企业新型学徒制项目",努力走出一条校企合作、工学交替的办学路子。培训部与区人社局、档案局长期配合,与上海家政行业协会建立沟通,与上海浦江物业有限公司紧密合作,积极开展经典咖啡制作、营业员、餐饮从业人员食品安全知识、档案人员岗位培训、企业新型学徒制物业项目经理、家政服务员、自考助学等培训项目,贴近企业需求实际,收到良好培训效果。全年培训人次达到 2 924 人次。

学校作为区域开展社区教育的龙头单位,以"办让市民满意的社区教育"为目标,坚持合理布局,规范发展。积极推进包括社区教育网络纵深化、课程资源建设、新媒体宣传推广、师资队伍建设、上海市民海派文化体验基地建设、市民终身学习需求与能力监测、市民终身学习人文行走、市民学习基地建设等十余项重点项目,工作覆盖 5 个社区教育中心、10 个街道、172 个居民学习点。学校积极组织、落实市有关部门布置的各项社区教育专项工作、主题活动和上海市老年教育艺术节、上海市全民终身学习活动周各项赛事。落实上海市民诗歌节、申学书院市民大讲堂等活动,积极参与长三角

一体化，深化东西部社区学院交流合作。继续承担上海市民终身学习海派文化体验基地和上海市民终身学习需求与能力监测中心两个市级项目，为黄浦特色终身教育发展贡献力量。

黄浦区老年大学切实服务区域老年人的学习需求，学校以"一总三分"的便捷格局，不断扩大办学规模，学员人数位居全市前列。学校以内涵建设为主要抓手，社会效应日益显著，获得了包括全国首批老年大学示范校在内的多项国家级和市级荣誉。在防控新冠疫情的背景下，老年大学依托各级各类终身教育优质资源，围绕老年学员的兴趣特点和重点需求，提供党课、乐享数字系列课、疫情防控课、文史课、保健课等内容丰富的免费在线学习资源供老年学员随时学习，随处可学。

（二）推送优质资源，实现社会效益最大化

应对加强学习型城区建设的要求和日益增长的终身学习需求，学校对辖区内的社会资源进行整合，转化为可服务于社区居民的优质的教育资源，增加资源供给，完善并服务于辖区终身教育体系的建设。2021年，在做好疫情防控工作的同时，学校以"线上互联线下互通"的方式推进学习资源建设，面向全区市民学习者推送优质学习资源。

线上，借力"上海终身教育云视课堂""上海市老年教育慕课——黄浦专区""学在黄浦"微信公众号等平台，开发、推送了生活中的心理学等直播课4门，带您玩转智能手机等数字化学习资源500个，守护城市的记忆系列微课49节；初心使命、海派游戏——九子游戏等特色慕课课程12门，建设了海派黄浦红色初心等线上人文行走课程5门。

线下，上海市民终身学习海派文化体验基地开设体验项目50个（含线上项目13个），体验活动1 468场（含线上27场），服务市民249 965人次；充分挖掘区域内红色文化资源，打造了5条人文行走主题线路，推出了线上人文行走小程序，点击量16 885人次；开展人文行走活动共计87场（含线上26场），有20 371人次的市民参与其中（其中18 509为线上人次）。

六、资源整合,办学成果丰硕

学校不断更新办学理念,坚持走内涵发展的道路,融合学历教育、培训教育、社区教育、老年教育等领域,在教学质量上下功夫,在办学特色上做文章。学校2021年荣获了众多奖项,办学结出累累硕果。

(1)黄浦区业余大学获评2019—2020年度上海市文明单位;

(2)上海开放大学黄浦分校获评2021年度上海开放大学分校办学水平评估优秀单位;获评上海开放大学2021年度教学管理工作先进集体、考试工作优秀集体、思政工作先进集体、宣传工作先进集体、服务学习型社会建设工作先进集体;

(3)社区学院获评上海市2021年度服务学习型社会建设工作先进集体、2013—2019年度上海市推进学习型社会建设与终身教育工作先进单位(集体)、上海市第十六届全民终身学习学习活动周最佳组织单位、上海市2021年"终身学习品牌项目";

(4)黄浦区老年大学获评2021年上海市老年教育数字化转型先进单位、上海市第十六届老年教育艺术节"中银常青树杯"文艺表演最佳节目风采奖、优秀组织奖等。

站在新起点,学校将在稳定中求发展,各项工作在融合中有突破,促进学历教育、培训教育、社区教育、老年教育等多教融通,积极应对各项挑战,优化发展显特色,谋篇布局再出发。

守正、出新、转型、蝶变：努力办好服务普陀全民终身学习新型高校

——2022年普陀区业余大学教育质量年度报告

2021年是中国共产党建党100周年，是终身教育"十四五"规划的开局之年，也是学校深化提质转型、推进高质量高水平发展的首要之年。学校以习近平新时代中国特色社会主义思想为引领，以"植根普陀大地、办好新型高校、服务全民终身学习"为主题，以"十四五"规划落实为主线，以"引领需求、精准服务"为理念，以"办高质量的终身教育，建高水平的新型大学"双高建设为目标，狠抓落实、善作善成，着力推进"一纵一横一基"战略布局，强化责任担当、动能转换和品牌打造，有效地发挥了学校在引领区域学习型城区建设和推进终身教育事业发展中的龙头带动和主力军作用。一年来，学校第五次蝉联上海市文明单位，荣获全国高校继续教育在线教学先进单位、中国高校继续教育优秀成果及特色案例优秀组织机构、上海市学习型社会建设与终身教育工作表扬单位等近20项集体荣誉。

一、注重规划引领，推动工作转型

"十四五"开局之年，普陀区委、区政府提出"建设市民学习中心，形成泛在可选的终身教育体系，建设学习型社会"的要求，《普陀区教育改革和发展

"十四五"规划》也提出"健全终身教育管理体制,着力推进区业余大学(社区学院)改革创新和办学品质提升,使之成为引领区域终身教育发展的龙头与智库"。学校以此要求,并根据《教育部关于办好开放大学的意见》《上海教育现代化2035》《上海终身教育"十四五"规划》《上海开放大学"十四五"发展规划》等精神,积极编制学校事业发展"十四五"规划,提出"坚持改革为先、发展为要、服务为本、质量为基"原则,确立了"办高质量的终身教育,建高水平的新型大学"双高建设目标,以"植根普陀大地、办好新型高校、服务全民终身学习"为主题,推进学校转型蝶变,办好"包容、普惠、适合"的终身教育,切实发挥学校在引领区域学习型城区建设和推进终身教育事业发展中的龙头带动和主阵地作用。

从学历教育一枝独秀到学历教育、非学历教育、社区教育、老年教育四季常青,学校始终坚守教育初心,积极开拓进取。持续深化"一纵一横一基"战略发展布局,推进"四教融通",不断创设利于学校提质转型升级发展的载体与平台;继续借势、借力、借智,推动校内外管理体制创新,不断完善利于学校提质转型升级发展的环境。通过建章立制,持续完善学校内设机构与布局,按照区教育局要求,在设置"一办七部"基础上,增设终身教育服务指导中心,全面承接区学习型城区建设和终身教育促进委员会办公室(简称"区学习办")相关业务指导工作,成为学校推动全区终身教育发展、服务学习型城区建设的重要引擎。将区老年教育小组办和市老年学习团队指导中心等工作职能统筹整合到老年教育部,不断优化人员配置,整合资源布局,更好地发挥了对区老年大学乃至全区老年教育的指导与服务作用。

二、坚持立德树人,加强思政教育

聚焦"立德树人"根本任务,全面落实"三全育人",不断完善人才培养方案,优化专业与课程设置,用好课程"主战场"、课堂"主渠道"、发挥教师育人"主力军"作用,将思政教育贯穿于教育教学全过程。

一是上好思想政治理论课。以毛泽东思想和中国特色社会主义理论体系概论、习近平新时代中国特色社会主义思想、中国近代史、形势与政策等课程为基础，成立思政教研团队，聚合师资力量，推进思政课改革创新，构建适合成人高校的思政课程线上学习资源。二是全面推进课程思政。对照《高等学校课程思政建设指导纲要》调整课程教学大纲，增加思政教学内容，将课程思政纳入教学总体要求并在教学视导中重点关注落实情况；组织教师参加"思想政治与师德师风"线上主题培训，集中学习上海开放大学第一届课程思政大赛获奖课例，研讨如何在专业课程教学中系统有机融入思政元素。三是加强辅导员队伍建设。将辅导员队伍建设作为教师队伍和管理队伍建设的重要内容，组织开展思政专题学习、学生管理工作培训与交流研讨，在开放教育中探索专职辅导员制度，切实提升辅导员专业水平与职业能力，发挥辅导员思政教育骨干作用，做好学生的思想理论教育和价值引领。四是抓好各类仪式教育、活动教育。围绕建党 100 周年开展丰富多彩的系列学生活动，组织首届学生骨干思政讲座，参加爱国主义诗词诵读、爱党爱国歌曲大联唱、"讲党史故事，做奋进青年"党史学习教育青年大联学以及红色寻访体验等活动，增强学员的爱国情怀、价值担当和责任意识。两名学生党员入选上海开大百名优秀学生党员事迹征集，"思政教育启迪心灵，沂蒙资助走向智助"爱心助学活动成功申报上海开大创新特色学生活动。

三、聚焦人才培养，提升育人质量

继续推进学历教育混合式教学模式改革，适应线上线下一体化融合教学要求，满足学习者多元化、个性化学习需求，提升教学质量与成效。研讨并制定混合式教学模式改革实施方案，集中学习《上海开放大学课程一体化教学方案汇编》，交流研讨课程一体化教学方案的设计与实施；推进学习平台升级改造，完成第一期 40 门课程的网络课堂建设并上线使用，探索线上线下融合教学，初步实现考查课程线上考核；开通"悦学普陀"公众号直播功能,推送优质数字化学习资源;注重过程管理,加强教学常规化、精细化管理,把握关键教学环节,做好教学视导工作,逐步完善线上线下教学质量双向监控机制,把好线上线下教学质量关,形成监控数据定期反馈机制;组织申报思政、营销、会计等6个专业教研室,搭建交流平台,提升教研氛围,推进教学改革;制定《上海市普陀区业余大学关于加强教学系建设的意见》,进一步推动教学系能力建设与业务提升。

注重学生实践能力培养,组织学生参加各类学科竞赛,在实战中磨炼技能,以赛促学、以赛促教,探索人才培养新途径。软件工程学员参加上海市大学生计算机应用能力大赛再次取得突破,获得1个二等奖和1个三等奖并入围中国大学生计算机设计大赛获得三等奖;58组学员参加第七届中国国际"互联网＋"大学生创新创业大赛暨第二届上海开放大学学生创新创业大赛,获2个三等奖、16个鼓励奖;工商管理和会计专业学员参加上海开放大学决策仿真实践大赛成功晋级决赛;老年服务与管理专业学员在上海开放大学第五届家政技能大赛暨创新创业大赛中荣获三等奖。

四、实施多元服务,打造特色品牌

非学历教育方面,主动对接市、区、街镇三级政府和企业培训需求,提供各类定制式培训,拓展教育服务功能,持续推进普陀家长学校工作。围绕"四服务"、打造"八基地",开设档案从业人员系列培训、行政执法培训、小微企业税务培训、居村委主任培训等20余个培训项目,线上线下培训参与人员超过10 000人次,在普陀区地方教育附加专项经费培训项目评估中获优秀。成立沪上首家区级巾帼培训基地,实现家庭教育和巾帼培训有机融合零的突破;整合优质资源,建立区级家庭教育讲师团;强化分校职能,承办2期上海家长学校在线课堂;发挥辐射效应,举办3场普陀家长学校讲座。关注"双减"等社会热点,深度融入家庭教育,活动实况在阿基米德、B站等平台播出,超过50万人次在线收看,《"双减"背景下的隔代养育》讲座成功入选上海家长学校家庭教育活动周系列主题活动,学习强国 APP、东方网、文汇报、上海教育电视台等主流媒体争相报道,相关经验在长三角家庭教育高峰论坛交流,普陀家长学校影响力日益扩大。

社区教育方面,持续推进课程开发、教育示范、理论研究、服务指导,促进优质资源集聚辐射开放共享。23 门课程入选市学分银行,数十节微课在全国、市社区教育优秀微课程评选活动中分获等第奖;开展区域社区教育骨干教师专题培训,举办普陀区第五届社区教育教学评比,在市教学评比活动决赛中获 1 个三等奖和 3 个优秀奖;1 个市重点和 10 个市一般实验项目通过结项评审。在上海城市空间艺术季市级平台,开展以"宜学实践在曹杨"为主题的系列微展,传播普陀终身教育故事;开展"共读百年党史,传承红色基因"普陀区市民读书节活动,吸引了七千余人参与。做好迎接上海市对普陀学习型城区创建监测工作,承办普陀区学习型城区建设大会和普陀区全民终身学习活动周等活动;推出沪西工人半日学校史料陈列馆、上海纺织博物馆、普陀区公共安全教育馆、万里国学馆四个体验基地和曹杨新村前世今生、千年古镇历史与人文、水上威尼斯别样风情三条人文行走新线路;成功申报曹杨新村街道村史馆为上海市级爱国主义教育体验项目。"全民尚学,幸福人生"尚学中心项目被评为 2021 年上海市"终身学习品牌项目";"智享生活,普惠夕阳"智慧助老志愿服务项目荣获"2021 年度上海社区教育志愿服务品牌项目",学校荣获上海社区教育优秀志愿服务工作站称号;百事能社工品牌案例成功入选联合国可持续发展教育社区行动项目(ESD 项目)。

老年教育方面,不断深化老年大学内涵建设,扎实开展老年学习团队培育工作。做好疫情防控常态化下的老年大学线下教学工作,全年开设班级 171 个,就读学员 3 000 余人;抓好教务教学常规管理,用好一个平台、稳定三支队伍、管好百个班级;严格执行各项教学管理制度,坚持"两会三查",做好教学质量监控;推进老年教育数字化转型,完成"银龄 E 时代,悦学慧生活"智慧学习场景方案设计,组织开展"智慧助老,帮助老年人跨越数字鸿沟"系列培训活动;加强校园文化建设,开展"我心向党,悦学有为"国歌展示馆人文行走、"颂党百年辉煌,传承红色基因"主题诗会等活动,营造良好氛围,彰显长者风范。完善团队指导中心工作职能,调整工作策略,提升服务能力,为老年教育的高质量发展提供有效、专业的支持服务。开展2021—2022年上海市老年学习团队工作室评选申报工作,组织专家评审并通过22个老年学习团队工作室;制定并下发《2021年上海市星级老年学习团队评估工作的实施方案》,开展4所市级老年大学和16个区的星级学习团队评估,通过107个五星级学习团队;总结和宣传老年学习团队培育工作,编撰印制《上海市五星级老年学习团队经验汇编》《2021—2022年度上海市老年学习团队工作室风采集锦》,发挥优秀学习团队的辐射引领作用。

五、强化一专多能,加强队伍建设

加强师德师能培育,提高教师专业能力。坚持把师德作为教师评价的首要标准,并贯穿于教师聘任、考核、激励、发展职业生涯全过程;强化教师能力建设,完善《上海市普陀区业余大学教师业务学习制度》,积极推进师德师风、教育教学能力、个体综合素养等不同模块的师训工作,组织开展课程思政、信息技术、政策规划解读等校内专家讲座十余场,组织12批次教师参加校外师训;深度融合学历、非学历、社区与老年教育的工作实际,组织开展科研沙龙活动六次,营造良好的教科研氛围,拓宽视野,提升能力,为教师转型发展奠定基础。

打造优质教师队伍,形成市、区、校三级骨干教师发展梯队。注重骨干引领,开展第二届首席教师课堂教学改革探索和首席教师绩效评估工作,采取自我评价、专家评审、群众测评相结合的方式,落实系统考核并根据考核结果实施绩效奖励;引领中青年教师成长,以赛促训,举办"第八届中青年教师教学研究课评比"和"青年教师微视频比赛"等活动,积极参加上海开放大学第四届青年教师教学赛,2名教师获一等奖,3名教师获三等奖;修订《新入职教职工培养实施办法》,开展新一轮师徒结对活动,通过建立传、帮、带、互研与合作机制，促使新教师专业提升，带动学校整体教师队伍素质的提高。

加强干部队伍建设，提升学校治理水平。强化干部选拔任用、常规管理、考核监督机制，开展阶段工作交流和述职，落实中干常态化考核机制，发挥干部在各部门工作中的引导、指挥、带动作用；改进干部学习教育培训方法，通过集中学习、轮值主讲、书籍研读等形式，提升干部队伍政治素养、业务能力和管理水平，努力造就一支政治强、作风优、业务精、敢攻坚、善创新、勇突破的干部队伍。强化榜样力量，继续开展"优秀党员""师德标兵""优秀班主任""服务明星"等优秀典型评选活动。

六、推动合作交流，凸显示范辐射

应对长三角一体化发展战略，以政策支持为契机，以做大做强高质量、一体化终身教育为目标，构建长三角四地终身教育协同发展机制，与苏州、嘉兴、芜湖建立"事业共同体"，并在体制机制方面进行了有益探索和行动实践。共建队伍，促进终身教育高质量发展；共建项目，共融互通协同发展；共享机制，同创终身教育品牌。2021年，建立跨区域跨领域的融通机制，家庭教育融入社区治理，四地携手打造家庭教育论坛，交流各地品牌项目；汇聚终身教育成果共享机制，四地互通有无，宣传全民学习、终身学习的理念，展现区域学习型社会建设与终身教育事业发展的全新姿态；"普陀雅韵"大讲堂春、秋两季20期讲座进行网络直播，实现了优质资源的辐射共享。

继续推进"6+X"跨区域老年教育发展共同体项目，积极参与工作交流与研讨，分享学校在"四教"融通视域下积极推进区域终身教育发展、助力学习型社会建设等方面的探索实践，并与浙江省舟山蓉浦学院、山西省太原社区大学、广西省桂林市社区学院等成员单位达成共识，先行先试，切实加强队伍共培、项目共建、资源共享等合作，积极打造区域终身学习发展共同体，将老年教育直播课堂、师资队伍培训、地方特色资源开放等工作融入跨区域老年教育发展共同体的工作中,助推各地老年教育更具品质发展。

站在"两个一百年"奋斗目标的历史交汇点,步入"十四五"奋斗新征程,学校将始终把人民对美好生活的向往作为奋斗目标,以普陀"创新发展活力区、美好生活品质区"建设为引领,紧紧围绕"构建服务全民终身学习的现代教育体系"和"办好服务全民终身学习的新型高校"这一战略转型要求,坚定信心抓转型,主动作为建队伍,脚踏实地谋发展,为率先建成服务全民终身学习的教育体系,形成普惠多元、泛在可选的终身学习环境做出贡献。

学史力行，勇担使命，推进学校融合发展

——2022 年静安区业余大学教育质量年度报告

2021 年，静安业大全校教职工坚守岗位，勇担使命，围绕"顶层设计，融合发展"工作主题，在从严治党、党史学习、立德树人、改革创新、依法治教、疫情防控和事业发展等方面都取得了优秀的成绩，为服务全民终身学习教育体系的不断完善做出了积极贡献，为学校"十四五"规划的实施打下了坚实的基础，为静安"卓越城区"建设贡献"业大智慧"。

学校品牌效应和社会声誉日益提升，学校招生稳中求进，保持了较大的规模：截至 2021 年 12 月 31 日，学校成人大专学生 1 141 人，开放教育注册人数 1 018 人，非学历教育学员 6 028 人次，社区教育活动 86 826 人次，老年教育招生 2 481 人，多元服务及培训 1 300 人。

一、学党史，做实事，传承建党百年历史精神

（一）扎实深入开展党史学习教育

党总支强化组织领导，成立党史学习教育领导小组，开展以"辅、学、温、访、谋、践"为主要内容的"六学"活动，深化党史学习教育，统一思想认识；创新工作抓手，扩容"初心讲坛"项目，在党员中开展情景党课、专家讲座、电影

党课、拓展训练等活动,凝聚党员师生力量;丰富落实载体,"我为群众办实事"的"智慧助老"项目积极满足老年学习数字化转型要求,面向居民区开展学习服务,近200名市民受益;"助力教师专业发展"项目建立聚焦终身学习、同伴学习和目标管理的教师"三维"职业发展机制。党史教育宣讲(线上线下)深入社区开展活动22场,1 230人次参加,建设116门党史专题系列微课、红色文化系列微课,资源辐射作用凸显。

（二）精心组织活动向建党百年献礼

2021年是中国共产党成立100周年,学校面向全校师生和社区居民,开展各类活动,为党庆生。在党的生日之际,学校举办庆祝中国共产党成立100周年主题活动,优秀党员分享成长经历,党支部、团支部以情景党课形式向党献礼。学校积极面向社区,成功举办"读红色经典,颂百年风华——2021年静安区'4·23世界读书日'"主题活动、"共绣一面旗,同绘中国梦"网校分校主题活动、"数字赋能,智学未来"2021年静安区全民终身学习活动周开幕式暨"红色修身,文明实践"人文行走主题活动以及"永远跟党走——庆祝中国共产党成立100周年暨2021年静安区老年教育艺术节文艺展演"等活动,并建设党史红色教育微课16门,静安学习网、"e学静安"小程序同步提供了丰富的党史学习资源,厚植红色基因。学校党总支获评区教育系统先进基层党组织,1人获评区教育系统2021年度"党员标兵岗",2人获评"党员示范岗",15人获评"党员先锋岗"。

二、铸师魂,践使命,担当立德树人育人使命

（一）师德师风建设常态化开展

学校持续推进师德师风建设。组织"庆建党百年,守育人初心,铸师德之魂"师德师风建设主题月系列活动,用实际行动践行党员使命;组织"在国

家战略的引领下——浦东开发开放 30 周年主题展览"参观活动，让全体教职工切身感受浦东发展的辉煌历程，坚定跟党走的理想信念；学校还围绕学党史修师德、论标准守初心、熔铸师魂奋进"十四五"等方面开展集中研讨，为提高教师思想政治素质和职业道德修养，落实立德树人根本任务起到了积极作用；在"赓续百年初心，担当育人使命"庆祝第 37 个教师节大会上，俞庆棠先生和丈夫唐庆诒先生的教育世家故事、青年党员教师的"初心"故事、各部门的教育支持服务故事都展现了全体教师为终身教育初心不改，使命不渝的坚定信念。

（二）课程思政育人跨上新台阶

2021 年，区办高校课程思政研讨会在静安区业余大学召开。静安业大教师代表作了《成人高校非思政类人文社会学科的"育人"教学探讨》发言，交流了课程思政教学中的经验与思考。学校结合专业特点，持续将思政建设融入课堂教学、资源建设、课程评价等教育教学全过程；在上海开放大学首届课程思政教学大赛中，学校教师在总共 5 个一等奖中斩获 2 席，参与人数与获奖人数均名列前茅；在 2021 年度上海开放大学的课程思政教学竞赛中，有 6 人分获等第奖，王旭老师代表上开参加国开课程思政设计大赛获得一等奖。

学生思政工作重点突出，特色鲜明。队伍建设扎实有效，定期开展学生会干部、班主任党史学习教育系列培训、思政素养系列培训，提升其管理能力和认同感；学生活动丰富多彩，"习近平思想学生学习小组"申报并完成上海开放大学 2021 年系统学生特色活动项目，《加快推进江宁路街道疫苗接种的实践方案》申报立项，完成第七届学生创新研究项目，在上海开放大学"建党 100 周年学生主题教育系列活动"、首届"开大杯"学生运动会、"百年党史知识竞赛活动"中获多个组织奖与个人奖。

学校开展业大、开大奖助学金评选活动，榜样力量激励全体学生共同成长。1 名学生获评国家开放大学杰出校友，3 名学生获评上海市成教协会优秀学员,3名学生获评上海开放大学优秀学生党员。

三、育人才,塑能力,提升教职工综合素质

(一)开展师资队伍分层培训

优秀的教师队伍是学校发展的第一资源,学校一贯重视教师队伍的培养。2021年,青年教师职业生涯发展规划探讨、见习教师年度培训和教学带教、教研沙龙协同助力教师教学能力提升,教学质量月、教学科研展示月聚焦教学个性化特色的同时,展现团队教学的成果;教师教学成果丰硕,1名教师获评上海市育才奖,2名教师获评静安区园丁奖,9名教师在上海开放大学青年教师教学竞赛中获奖,2名教师在第五届上海社区教育教学评比活动中获奖,4名教师在第九届"中华杯"教师职业技能竞赛中获奖。

(二)加强干部队伍目标管理

2021年,学校全体中层干部围绕年度工作和学习主题制定工作目标和计划,不断落实中层干部目标管理任务,带领部门成员创出了佳绩,4位中层助理圆满完成挂职锻炼工作。2021年底,学校对中层机构设置进行了调整,经过公开竞聘,第十一届中层干部名单正式公布,学校干部队伍不断强化。

四、重谋划,促融合,推进学校业务融合发展

(一)编制"十四五"事业发展规划

学校围绕"国际静安、卓越城区"区域发展目标和静安"十四五"高水平学习型城区建设规划目标,在广泛调研和征询意见基础上,历时8个月,编制形成了《上海市静安区业余大学"十四五"事业发展规划》,于2021年5月经学校第十二届四次教代会表决通过。规划明确提出学校"十四五"发展目

标是：到 2025 年，学校办学水平显著提升，融合发展势态初步形成，有效回应市民学习需求，成为推动静安区高水平学习型城区建设与终身教育高质量发展的主力军。

（二）持续提升学历教育办学水平

持续推进混合式教学，优化网上课堂建设及评价标准，增加课程思政和在线题库评价指标。优化专业人才培养方案，修订教学计划，完善专业课程设置，规范开设思政课程，继续完善教学大纲建设。教学质量监控工作进一步完善，增加检查督促环节，通过教学提醒、听课评课、形考作业检查和督促、座谈会和调查问卷等形式继续加强教学过程管理。

学校师生积极参加各级各类竞赛，在上海市大学生计算机应用能力大赛、上海市大学生创业决策仿真大赛、上海开放大学学生创新研究项目评比、上海开放大学家政技能大赛等多个技能比赛中，累计有教师 20 余人次，学生 50 余人次获得了各级竞赛奖励，提升了师生能力和素质，彰显了学校办学质量，为学校赢取了荣誉。今年，业大开设 12 个专科专业，开大共开设 8 个本科专业、7 个专科专业，在校生规模 1 200 余人。

（三）丰富非学历教育项目培训课程

积极推进职工继续教育，完成菜单式课程目录设计，形成系统化课程体系，涵盖思想政治、职业技能、传统文化、艺术修养、健康生活等七大门类。与委办局长期稳定合作，开展内容多元的专项培训，深入挖掘纵向行业内训，开设了上海市财政局优秀管理人才班培训、上海市财政局新进人员培训、上海市财政局事业单位专题培训等多个培训项目。

2021 年全年开班 75 个，学员约 3 200 人，总课时上万。在上海市获评联合国教科文组织 2021 学习型城市奖获奖城市的表彰大会上，小微企业财务人员培训基地作为两项典型项目之一，向全世界展示上海的非学历教育形象。职工学堂提供 4 大类 27 门课程的菜单式教学服务，建成 19 门微课，点击观看频次达 18 600 余次，线下开设 29 个班级，受益人数达 519 人。

（四）发挥社区学院龙头引领功能

积极面向养老机构住养老人、社区教育志愿者、老年学习团队骨干、乐龄讲坛听众、社区居民等各类老年群体开展各类日常生活智能场景应用培训与活动，大力推进老年教育数字化转型，帮助老年市民"跨越数字鸿沟"。

积极发挥上海家长学校静安分校和上海家长学校家庭教育指导师实践基地作用，推出线上直播活动 6 场、线下讲座 2 场、线下亲子活动 3 场，精心打造静安家长课堂。

内涵建设喜报频传，《数码摄影基础》在 2021 年上海老年教育教材（读本）征集评选活动中获评"优秀教材（读本）"，《让智慧助老的"最后一公里"更精彩》项目被评为 2021 年度上海社区教育"志愿服务品牌项目"，社区学院获评"2021 年度上海社区教育优秀志愿服务工作站"。

（五）扩大区域老年大学办学规模

优化老年教育布局，积极落实市教委老年大学"倍增计划"，在静安北部建成静安乐龄老年大学，该校已于 2022 年春季学期全面启用。2021 年老年大学开设 130 余门课程，同时推出 40 余门线上课程，超过 17 000 人次参加学习，学校分步骤、分阶段、有序、有效开展教学，对老年教育线上线下混合式教学进行探索实践。大力推进"智慧助老"，专项开设 3 门直播课，精心制作系列微课，有效帮助老年人跨越数字鸿沟，平均每周 1 100 余人次参加在线学习。

组织师生参加中国老年大学协会"致敬中国力量，献礼建党百年"优秀作品评选活动，从全国 200 余所学校中脱颖而出，荣获优秀组织奖。"金色池塘七彩乐龄"项目获评 2021 年上海市终身学习品牌项目；静安区老年大学获评 2021 年上海市老年教育数字化转型先进单位。

（六）发挥终身教育科研指导作用

学校积极发挥静安区终身教育研究所的科研引领作用。在研究所成立五周年之际，成功举办"终身教育研究与实践高质量发展"暨研究所成立五周年学术研讨会，推进静安区高水平学习型城区建设。

2021年，研究所新挂牌"静安区终身教育研究投教基地"，加入上海投保联盟，开展了面向各年龄段群体的财商教育、投资者教育活动，扩大了静安终身教育的影响力。《中心城区成人高校优化终身学习资源的实践研究报告》获上海市成人教育协会第一届院校教育优秀科研成果一等奖。生命教育研究取得新成果，《上海老年生命教育的推进现状与对策研究报告》获上海市成人教育协会第一届院校教育优秀科研成果三等奖，再次参与申报上海市终身教育研究会课题《提升老年生命教育教学资源建设质量研究》并获得立项。"市民学习需求与能力监测分中心"开展市民学习监测，完成《上海市静安区市民终身学习需求监测项目研究报告》。

五、蕴文化，强安全，建设平安智慧和谐校园

（一）荣获"上海市文明单位"称号

2019—2020年度"上海市文明单位"名单公布，学校第九次蝉联该称号，这是我校多年来持续深化精神文明建设卓著成效的体现。学校精神文明建设与人才队伍培养结合，运用多样化宣传载体展示典型故事，优秀党员、教师和学生的事迹，分享教师立项课题和科研经验，营造比学赶超氛围；学校精神文明建设与社会责任结合，下半年学校挂牌"静安区消防救援支队学历（技能）培育基地"，为静安区消防救援支队提供定制培训课程，服务区域人群，履行社会责任。

书香校园建设氛围浓厚，"学习型科室"创建增添部门活力，"文明窗口"

评比展现部门亮点,服务能级项目拓宽服务边界,"职工之家""女工之家""妈咪小屋"等阵地提升教职工幸福感、获得感。工会获评区先进职工之家、区模范教工之家。

(二)做严做实疫情防控常态化工作

新冠疫情防控进入常态化阶段,一年来,在全校师生的配合下,学校积极贯彻落实上级疫情防控工作部署,严格校门管理和校园安全管理,做好相关信息报送工作,保障了校园安全。

2021年着重做好各校区防疫物资的储存、使用、替换工作,严格按照防控要求,备足各类防疫物资,保障校园安全。校园基础项目建设严格遵守法律法规、上级政策、施工程序,保质保量完成,重点项目乐龄老年大学按期完成并投入使用,各类修复、维修工程为学校各项业务的顺利开展提供有力保障。

(三)推进智慧校园环境建设

学校协同上海开放大学完成智慧学习中心静安分中心的建设与应用,持续打造面向终身学习的智慧学境,提升教师的混合式教学技能。"智慧学习空间"和"e学静安"等学习平台建设,分别满足学历与非学历教育的个性化学习需求,并结合"微学堂"小程序、公众号服务等提供泛在化的多终端学习支持,实现多维度用户群体的深度渗透,延长服务链路,构建"一站式、多元化"的学习空间。

"十四五"已经拉开帷幕,在全校教职工的共同努力下,"十四五"的开局呈现欣欣向荣之势。学校将继续踔厉奋发、笃行不怠,不辜负时代赋予我们的终身教育高质量发展使命,奋力抒写崭新的2022。